JN096308

免震建物の設備標準

一般社団法人　日本免震構造協会

JSSI
The Japan Society of Seismic Isolation

第 3 版(2020 年版)改訂にあたって

　本書は、免震建物の設計・施工に携わる意匠・構造・設備設計者および施工者を対象に、2001 年 6 月に第 1 版が刊行されました。第 1 版は、免震建物の設計時点や竣工後の設計者と施工者の認識の違いによるトラブルを解消や、設計施工での留意点を総合的にまとめることを目的として作成されました。

　2009 年 12 月には第 2 版が刊行されました。第 2 版では、実施例が増加している中間層免震建物を対象とした記載を充実させました。また、免震に関する無理解から発生する不適切事例に基づき、それらを回避するための方策を反映させました。

　免震建物は、兵庫県南部地震(1995 年)以降、着工件数が急激に増加しました。免震建物は、新潟県中越地震(2004 年)や熊本地震(2016 年)、東北地方太平洋沖地震(2011 年)など、2000 年代に頻発している巨大地震に対しても無被害・無損傷であることが実証されています。

　一方で、様々な震災を受けることによって免震建物で改善すべき点も明らかとなってきました。また、多様な免震構造や新しい技術・知見により、免震建物の設計は、より専門性が高く、多岐にわたることとなりました。

　そうした背景を踏まえ、第 3 版では、これまで「免震建物の建築・設備標準」として免震建物全般について留意点をまとめていた内容を、免震建物の設備にターゲットを絞り、より専門性を高めた「免震建物の設備標準」として改訂することとなりました

　建物の長寿命化の他、施設の事業継続性が社会的に求められるなか、竣工後 20〜30 年程度の免震建物は設備更新などの改修時期を迎えており、適正な改修による免震性能の確保が重要となってきています。

　そこで、本改訂では設備に特化した建物の維持管理の留意点の取りまとめや、BIM(Building Information Modeling)を用いた取り組みなど建物の事業継続・維持管理にまで着目した新たな位置づけのガイドブックとして取りまとめを行うこととしました。また、建物の損傷度と継続使用についてモニタリングを行う「構造ヘルスモニタリング」について記載を充実させました。

第3版での主な改訂内容は下記の通りです。

a) 「免震エキスパンション」「免震部材の耐火被覆」については、本協会が発行する「免震エキスパンションジョイントガイドライン」「免震建物の耐火設計ガイドブック」に内容を継承し、本書では免震継手など、設備に特化したガイドブックとして位置づけた。

b) 免震に関する無理解から発生する不適切事例の紹介と設計・施工上の留意点を充実させた。

c) 新しい内容として、「BIM を用いた設計・維持管理」「構造ヘルスモニタリング」を追加した。

d) 準拠する基規準などを最新のものに修正した。

e) 巻末の商品技術資料を更新および追加した。

建物の機能的継続性を含めた長寿命化に際し、免震建物の設備に関するガイドラインとして設計に活用していただければ幸いです。

2020 年 6 月
社団法人日本免震構造協会
技術委員会
「免震建物の設備標準」作成 WG

目　次

第1章　総則

1.1　適用範囲

> 本標準は、免震建物の免震層、設備用免震継手の設計・施工、性能評価および維持管理について適用する。

　本標準は、免震建物の設計・施工に関与する意匠設計者、構造設計者、設備設計者および施工者を対象に作成したものである。

　免震建物は地震動時において一般の建物と比べて免震層に大きな相対変位が生ずるため、特別な配慮が必要となる。免震層に生ずる大きな相対変位に追従または吸収させるために、免震層、設備用免震継手を設計および施工する場合の標準となる留意事項、有すべき必要性能、性能評価方法および維持管理と点検の指針を示すものである。

　なお、前記以外の施工については「免震構造施工標準－2017－」によることとし、維持管理と点検については「免震建物の維持管理基準－2018－」を参照されたい。

1.2　用語

　本標準で取り扱う用語は下記のように定める。

免震クリアランス：(Clearance for Seismic Isolation)

　免震層に生ずる地震動時の水平変位と鉛直変位に追従または吸収するために水平方向と鉛直方向に設けた隙間のことをいう。

設計可動量：(Design Relative Displacement)

　設計者が設定した相対変位量のことで、エキスパンションなどが要求性能を損なうことなく、安全確実に追従または吸収しなければならない変位量をいう。一般的には平面的な全方位の変位に対して考慮するが、場合によっては立体的な全方位の変位に対する配慮も必要となる。

　なお、配管に用いられる設備用免震継手では、設計可動量を免震量と呼ぶこともある。

免震継手：(Flexible Pipe Joint for Seismic Isolation)

　免震層での相対変位に追従または吸収するため、設備配管の途中に設置した可撓継手のことをいう。免震継手の選定には、用途、口径、耐圧条件、温度条件、相対変位量および耐用年数などを考慮する。

可撓継手：(Flexible Pipe Joint)

　相対変位の追従または吸収のため、設備配管の途中に設置した継手をいい、免震継手以外の可撓性のある継手全般を示す。

配管用炭素鋼鋼管 SGP：(Carbon Steel Pipes for Ordinary Piping)

　　使用圧力の比較的低い蒸気、水、油、ガスおよび空気などの配管に用いる炭素鋼鋼管をさす。管の種類は亜鉛メッキを施さない黒管と黒管に亜鉛メッキを施した白管の 2 種類がある。

　　なお、鋼管の内部を塩化ビニールでコーティングした VLP(Vinyl Lining Pipe)管が防錆用として用いられる。

圧力配管用炭素鋼鋼管 STPG(スケジュール管)：(Carbon Steel Pipes for Pressure Service)

　　使用圧力の比較的高い蒸気、水、油、ガスおよび空気などの配管に用いる炭素鋼鋼管をさす。使用温度は 350℃程度以下とする。

呼び径：(Nominal Diameter)

　　管の直径に関する呼称であり、必ずしも実際の内径または外径に合致してはいない。

　　JIS その他の規格で呼び径と記載しているものはそれに従い、一般の場合は、管径または口径をいう。

免震部：(Isolated Part)

　　図 1.2.1 に示すように免震部材で支持された部分で、地震力の伝達が少ない部分をいう。

非免震部：(Ground Part)

　　図 1.2.1 に示すように地盤部および免震部材を使用していない通常の建物部で、地震動時に地盤と共に動き、地震力を直接受ける部分のことをいう。

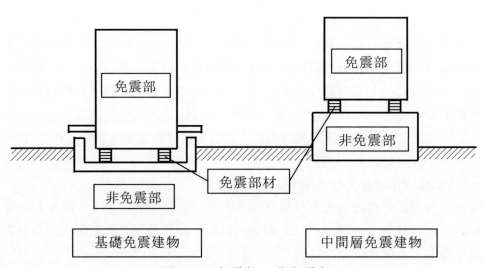

図 1.2.1　免震部、非免震部

免震部材：(Seismic Isolation Device)

　　免震装置ともいう。免震構造において、アイソレータ、ダンパー、ベースプレート、配管継手、エキスパンションジョイントおよび耐火被覆などの免震機構に関与するものを免震部材という。一般には、主たる免震部材のアイソレータ、ダンパーを指すことが多く、平成12年建設省告示1446号では指定建築材料の一つとして免震材料と呼んでいる。

BIM：(Building Information Modeling)

　　コンピュータ上に作成した3次元の形状情報に加え、室などの名称・面積、材料・部材の仕様・性能、仕上げなど、建築物の属性情報を併せ持つ建物情報モデルを構築することをいう。[1]

　　なお、BIMを用いたファシリティマネジメントをBIMFM(BIM for Facility Management)とも称する。

構造ヘルスモニタリング：(Structural Health Monitoring)

　　建物各層に生じた加速度をもとに各層の変形量を算出し、構造体や一部の非構造部材の損傷度などを推定すること。構造ヘルスモニタリングシステムでは、建物に設置した地震計から大地震時における建物の揺れや変形量などを迅速に把握して損傷状況を分析することにより、建物の被災状況や耐震安全性に関する情報を提供している。本システムにより地震による建物の被災状況は、通常は構造設計者などの専門家が分析しなければ評価が難しいが、本システムにより被災状況をリアルタイムに「見える化」することで、地震発生時に即座に建物の被災状況が把握でき、建物管理者は、被災後の避難の要否や建物の継続使用の可否などの判断に役立てることができる。[2]

1.3　準拠する基準など

　　本標準に記載のない事項は、下記の基・規準に準拠する。(順不同)

a)　建築基準法・同施行令
b)　震災の国への処方箋　　　　　　　　　　　　　　(一社)日本免震構造協会
c)　免震構造施工標準−2017−　　　　　　　　　　　(一財)経済調査会
d)　免震建物の維持管理基準−2018−　　　　　　　　(一社)日本免震構造協会
e)　SHASE−S 006−2019　　金属製変位吸収管継手　(公社)空気調和・衛生工学会
f)　SHASE−S 008−2008　　ゴム製変位吸収管継手　(公社)空気調和・衛生工学会
g)　免震構造設計指針　　　　　　　　　　　　　　　(一社)日本建築学会
h)　建築設備耐震設計・施工指針　2014年版　　　　　(一財)日本建築センター
i)　2015年版　建築物の構造関係技術基準解説書　　　(一財)日本建築センター
j)　免震建築物の技術基準解説および計算例とその解説　(一財)日本建築センター
　　(平成16年改正告示の追加分−戸建て免震住宅を中心として−)

k)　時刻歴応答解析による免震建築物の設計基準・同マニュアルおよび設計例

(一社)日本免震構造協会

m)　免震建築物における特別高圧電線路の施設 JESC E2017(2014)

(一社)日本電気協会・送電専門部会

n)　供給管・内管指針(設計編)(2017)　　　　　　　(一社)日本ガス協会

【参考文献】

1)　国土交通省、官庁営繕事業における BIM モデルの作成及び利用に関するガイドライン、2019 年 8 月

2)　国土交通省住宅局、防災拠点等となる建築物に係る機能継続ガイドライン、2018 年 5 月

第 2 章　目標性能

2.1　目標性能の確保

> 免震層に設置される免震部材および昇降設備は、地震動時における変位追従性能を
> はじめ、荷重支持性能、耐久性能についても目標性能を確保する。

　要求性能として最も重視されるのは大地震動時の平面的、場合によっては立体的な全
方位の変位追従性能である。想定地震動による設計可動量に対して設備用免震継手、昇
降設備は、設定された目標性能を確保しなければならない。

　目標性能は、設計者と建築主との協議により定めるものとする。

2.2　変位追従性能

> 免震部材および昇降設備は、設計可動量に追従または吸収できる性能を確保する。

　設備用免震継手、昇降設備は、設計図書または特記仕様書にて設計者が定めた設計可
動量を満たす変位に追従または吸収する性能を有していなければならない。許容変位方
向についても設計者から特に指定がない場合には、平面的な全方位に対して追従または
吸収する性能が要求され、免震効果を阻害することなく円滑に可動し、地震動後には有
害な残留変形もなく復元(復帰)する仕様であることが望ましい。

2.3　耐久性能

> 設備配管・免震継手は、要求される耐用年数中、機能する耐久性を確保する。

　免震建物の耐用年数と比較して適切な期間において、設備配管の耐用年数に応じた取
り換え時期を見据え、性能が維持できる設計仕様であることが望ましい。免震建物が耐
用年数中に数度遭遇する中地震動や高頻度で経験する小地震動を経てもなお、問題なく
性能が維持されている耐久性が要求される。

　経年変化が懸念される屋外に設置されるものについては、腐食・劣化・損耗が促進し
やすい環境下にあるため、設計者はあらかじめ設置環境の劣化要因(塩害、湿食など)を
検討し、使用材料に関する物性値や、素材製造者の試験成績書および屋外暴露試験デー
タなどをもとに適切な材料を選定する。摩耗などによる部品交換を前提とする場合は、
容易にメンテナンスができるようあらかじめ設計時点で考慮しておくことが望ましい。

2.4 目標性能の保持

> 設定した目標性能を保持するため、設計時に配慮するとともに適正な維持管理を行う。

　免震継手の可動部分に油やゴミなどが付着することによって、当初設定していた変位に追従または吸収する性能が十分発揮できなくなることがある。これを防ぐために、定期的な維持管理を実施することで、免震建物の機能確保をはかる。

　こうした定期点検や部材の交換・取替は建物の耐用年数中に数回実施されることを想定して容易に行えるようにメンテナンス動線、メンテナンススペースの確保、部材の補修および取替のしやすさについて設計時に配慮することが必要である。可動範囲には物が置かれることのないよう、可動範囲を明示する。

　特に建物竣工後に行われる免震層内での設備改修工事の際、配管取替えなどで免震継手を外してしまったり、あるいは免震継手の可動範囲内に機器類を設置するなどが起きないよう、免震層への入口に免震建物であることの表示(平 12 建告 2009 号に表示義務)と設計可動量を表示(図 2.4.1、写真 2.4.1)する告知板を設置する必要がある。また、将来交換が考えられる免震継手には、図 2.4.2 のように設計可動量と連絡先を記載したプレート(シール)を設置する。

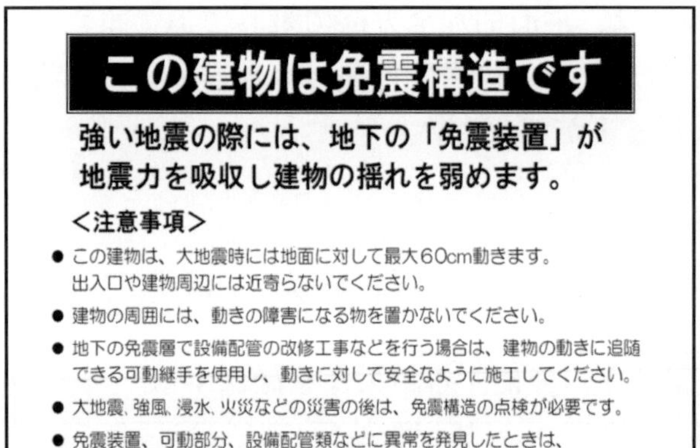

図 2.4.1 免震建物であることの表示例 　　　　写真 2.4.1 免震建物であることの表示例

図 2.4.2 免震継手の表示プレートの例

第 3 章　免震層における設備設計上の留意点

3.1　免震建物の設備計画

3.1.1　耐震上の留意点

> 免震建物における設備の耐震目標性能はプロジェクト全体で十分に調整し、設定する。

(1)　設計用標準震度について

　一般に免震建物は非免震建物と比べて地震により受ける水平力が大幅に軽減される。この特性を充分に理解し設備の耐震設計、施工を行う。日本建築センター発行の「建築設備耐震設計・施工指針」(2014 年版)には建物の時刻歴応答解析が行われている場合と行われていない場合それぞれについての設備機器にかかる地震力の考え方について記述されているので、それに従って計画を行う。同書にもあるが、免震構造の建物に対する注意事項を以下に記す。

　免震建物自体では免震部と非免震部で、床応答加速度(水平方向)が大きく異なるので、同じ耐震目標性能で設計した設備システムであってもそれぞれの部位で耐震支持は違った仕様となる場合があり、図面に特記するなど明確化に留意が必要である。

　またプロジェクトによっては、免震建物であっても設備の耐震目標性能を敢えて安全側に統一して設定する場合がある。なお時刻歴応答解析が行われていない場合、鉛直方向については、非免震建物では水平震度の 1/2 とするのが一般的であるが、免震建物では適用できないので留意する。

(2)　BCP 対応

　免震建物は、地震動時の建物被害が少ないことが過去のいくつかの地震で実証されており、免震部においては床スラブに支持をされた設備についても地震動による水平力を大きく受けずに単独の転倒や相互の衝突といった被害を受けにくいことが実証されている（図3.1.1）。従来は BCP 対応として地震動の影響を受けにくい地下に機械を設ける設計が主流であったが、免震建物の場合は免震部の階に機械室を設ける方が安全性は高く設備システムの被害の低減が期待できると認識されてきている。また近年の集中豪雨や台風による浸水の被害も上層階では受けにくく、建築設備を免震部に設ける設計例が増えている。

　「官庁施設の総合耐震・対津波計画基準　平成 25 年版」では地震被害、津波災害及びそれら二次災害に対する安全性に関する基本的事項を定めるとともに、保全に係る事項について定め、被災後に必要な設備機能の確保を図ることが記されている。建築設備については、大地震動後の人命の安全確保及び二次災害の防止が図られていることを目標とする乙類とそれに加えて被災後も大きな補修することなく、必要な設備機能を相当期間継続できることを目標とする甲類に分類し、計画・運用することが記されている。建築設備の耐震設計に加えて、電力・通信・給排水といった公共インフラの機能確保、空調・防災・避難・監視制御といった設備システムの機能確保についても言及されており、BCP 対応計画の参考となる。

免震建物でない場合	免震建物の場合

室内にあるキャビネットの転倒や机上の物が落下して散乱	キャビネットの転倒や、棚の上の物などもほとんど落下せず

図 3.1.1 新潟県中越地震における免震効果 1)

3.1.2 免震層における設備計画

計画の初期の段階から免震層に関係する設備とその対応の検討を進め、抜け落ちや手戻りがないようにする。

(1) 免震層空間のための設備

免震層は免震装置の点検や設置された設備の点検等があるので、人が出入りする空間としての、最低限の設備として換気設備が必要となる。避難・安全のための設備については行政との協議による。

免震層は要求される設備が、プロジェクトごとに異なる。免震層の環境への要求に合わせて、設備計画を行う。ただし、既存改修により免震化する場合は、既存設備の利用を検討する。具体的な対応は、第5章参照のこと。

a) 光環境・・・・・・・照明設備
b) 温熱環境・・・・・・(空調)換気設備
c) 避難・安全性・・・・自火報、警報設備、消火設備、避難設備、排煙設備

(2) その他の設備

免震層は地震動時に挙動が異なる免震部と非免震部の境界領域であるので、そこに存する部材については挙動を吸収、回避する対応が求められる。具体的には第4章で記述する変位吸収措置や、可動量分のクリアランスを設けることであるが、損傷の危険性からそのような免震層内の取合いは極力少なくなるよう(インフラなどとの最小限の接続のみとするなど)計画することが望ましい。

また、免震部と非免震部を分離する部分には、可動のためのクリアランスが必要となるため、外部からの雨水の侵入や、特に基礎免震においては浸水対策が必要となるので留意する。浸水対策については、3.3節 免震層の浸水対策に記述する。

(3) 省エネルギー計画

　免震層は熱容量の大きいコンクリートで囲まれた空間であるため、地下免震の場合は免震層内の蓄熱空気の熱的利用が可能で、クールピットとして利用することで省エネルギー化が図れることがある。

3.2 建物と設備配管・電気配線との関係

　設備配管、電気配線 (ケーブルラック) などは地震動に生ずる 3 次元的な変位に対し、追従が可能な様、免震継手や余長を設ける。

　設備配管において免震機能に影響するのは、免震継手の取付位置とその可撓性であり、建物の動きに追従しながら配管そのものの機能を維持する必要がある。

　設備配管の設置位置については、免震継手が適正な位置に設置され、免震建物の動きに追従できるかを確認する。大口径の配管の場合は、容易に動かして確認できないため、機構上可撓性が確保されているかを確認する。

　電気設備において免震機能に影響するのは、免震層をまたぐ電気配線であり、免震層の変形に追従する必要がある。余長についても、配線が免震層をまたぐ場合、余長が設計で考慮されている変位に追従できることを確認する (5.1 節　電気配管・ケーブル参照)。

　なお、配管・ケーブルラック・躯体・外周部などとの相互クリアランスの確保も重要である。また液状化が予想される引込部分には、可撓継手を入れるなど、地盤沈下対策に配慮が必要である。

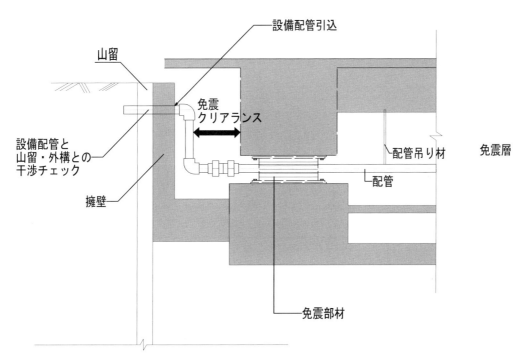

図 3.2.1　建物と設備配管との関係

3.3 免震層の浸水対策

免震層が浸水しないように十分な浸水防止対策を行うとともに、浸水しても速やかに免震層の環境を良好に戻せるように確実な排水対策を行う。

(1) 免震層内への浸水対策

免震層内への浸水は、免震層内の環境悪化を招くので、免震層内へ浸水しないように留意が必要である。また、免震層内への浸水は、設備配管保温材へのダメージや電気系統への漏電など、不具合を招く危険性があるため、十分な浸水防止対策と確実な排水対策が重要となる。

免震層内への浸水防止対策を表3.3.1に、浸水した場合の免震層の排水対策を表3.3.2に示す。

表 3.3.1 免震層内への浸水防止対策

	事象	対策	備考
建物内部からの水の流入	免震部スラブに設置された貯水要素(プール、水盤、水槽、グリーストラップなど)からの溢水・漏水	・免震層上部スラブ防水、止水処理の徹底	
	免震層内の水密配管からの漏水	・配管の確実な接合(水密性確保) ・確実な支持固定の施工(耐震支持、支持位置(免震部躯体／非免震部躯体の別)) ・免震層をまたぐ配管についての免震継手による設計可動量の確保	
	免震層壁面、床面、免震層内設置の設備配管・ダクト・機器表面に発生する結露水	・免震層内の空気状態と表面温度に留意した有効な換気	
建物外部からの水の流入	水の直接流入	・可動部(免震クリアランス部)の浸水防止ディテール ・水勾配をつけて確実に建物外部へ水を導く施工 ・建物から外側への外構水勾配の設置	図 3.3.1 ①
		・非免震部の擁壁の立上り部高さの設定 ・止水板の設置の検討	図 3.3.1 ②
		・免震部設置の縦樋の地上部での確実な雨水排水	図 3.3.1 ③※
		・擁壁外周部の側溝設置 ・免震層内の外壁面の側溝設置	図 3.3.1 ④-1 図 3.3.1 ④-2

表 3.3.2 免震層の排水対策

設備など名称	内容	備考
側溝 釜場	・免震層内の排水のため、免震層床スラブに釜場を設置 ・釜場内の排水口と免震層床スラブ下排水ピット内への排水 ・釜場または免震層床スラブ下排水ピット内に排水ポンプ設置	図 3.3.1 ⑤
免震層床スラブ下排水ピット (注)	・浸水時に一時的に貯留可能な容量の免震層床スラブ下排水ピットとポンプアップ排水	図 3.3.1 ⑥
排水ポンプ	・ポンプアップ用配管の地上排水ルートへの適切な接続 ・地中埋設配管の敷設が困難で、配管が免震層を横断する場合は、他の機器や配管との免震クリアランスの確保と、必要に応じた配管の変位追従、吸収措置 ・水中ポンプ設置の場合の点検用のマンホールの設置と、ポンプ更新対応の検討	写真 3.3.1

写真 3.3.1 雨水排水ポンプと側溝の施工例 （撮影者：村田圭介）

(注)基礎免震の場合は、免震層床スラブ下にあるピットを利用して排水槽を設けることができるが、中間層免震の場合は、単独で免震層床スラブ下に排水ピットを設けることはコスト面や漏水の危険性のため、通常は行わない。

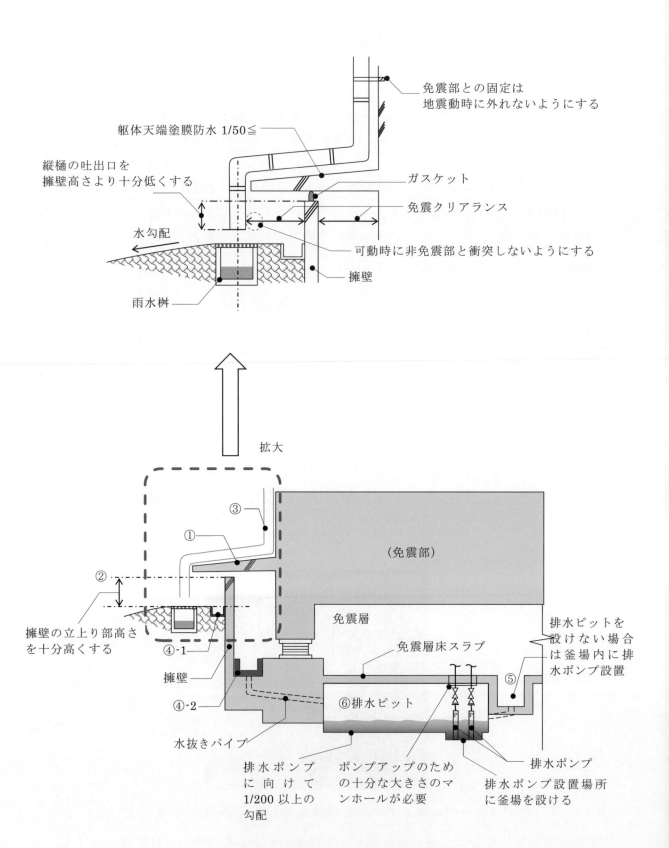

図 3.3.1 免震層における浸水対策(基礎免震の場合の例)
※縦樋の設け方には種々あるが、その一例を示している。

(2) レイアウト計画

　免震建物にかかわらず、計画敷地周辺のハザードマップから浸水の危険性が高いと判断された場合は、浸水防止ラインより上の階に設備機械室を計画するのが望ましい。特に電源供給をする受変電設備、発電機設備は浸水防止ラインより上の階に設置し、浸水時でも機能維持できる計画とする。図 3.3.2 では燃料タンクなど上層階に設置することが困難な場合でも移送ポンプを浸水防止型とし、地下タンクの通気管も浸水防止ラインより上まで立ち上げることで、屋上設置の発電機を機能させることができる事例として示されている。

　本項では基礎免震の場合の浸水対策を述べているが、ハザードマップから浸水の危険性が高いと判断される場合は、中間層免震とし免震層自体が浸水しないよう建物の基本計画をするなどの検討も必要である。

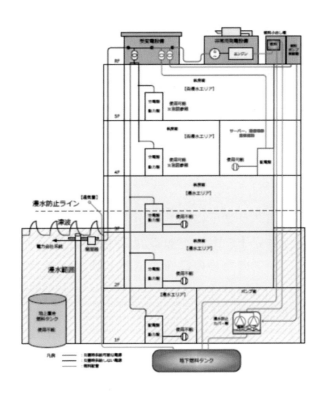

図 3.3.2 設備機器の浸水深以上の階への設置例 [2]

やむを得ず免震層を設備の機械室として利用する場合は以下に留意する。

免震層上部建物内に機械室を設けなくてよいので、空間の有効利用が図れるが、免震層内が浸水すると、設備機器類が多大な被害を受ける危険性がある。

受水タンクのように上層階に計画するのが難しく、汚染が許されない設備の場合は、少量の浸水の場合でも被害を受けないように、機械基礎のかさ上げや排水、周囲に立上りを設ける、機械室扉を水密性の高い仕様にするなど細心の注意を払って計画する(図 3.3.3 参照)。

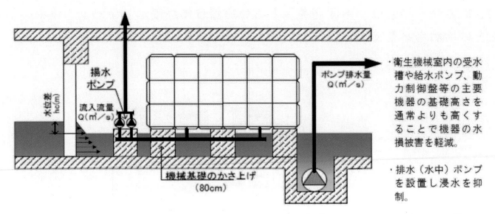

図 3.3.3 機械室に浸水した水を設定水位以下に抑制する方法例 [2]

(3)　機能維持計画

基礎免震の場合、免震層床スラブ下にいくつかのピットを計画することができる。

ピットの主な利用としては以下のものがある。これらは、被災時の BCP 対応として有効に利用されるが、ポンプアップのための設備、電源と排水(メンテナンス)、排出ルートを計画する必要がある。

a)　雨水利用槽(被災時に雑用水利用)

b)　緊急排水槽

c)　消火水槽

d)　蓄熱槽(被災時の一時的な熱源として利用)

3.4 BIM を用いた検討

> BIM を活用し、免震建物の地震動時挙動による設備配管・ダクトの干渉チェック、免震クリアランス干渉チェック、メンテナンス通路の確保などの検討を行うことが望ましい。

BIM モデルは「属性情報」と「3 次元の形状情報」の二つの情報を持ち、BIM の一つの特徴として、建設プロセスの各フェーズにおいて図面、書類などのさまざまな媒体で利害関係者が保有している情報を一元管理できることが挙げられる。このような BIM の機能は下記のようなフェーズで活用できると思われる。

a) 設計時点における活用

設計時点において、下部構造やそれに固定されているものと、上部構造との間に水平方向に免震クリアランスを設ける際の検討。

b) 施工時点における活用

施工時点で設備機器・設備配管・ダクトなどは非免震部支持、免震部支持により、地震動時の免震層の挙動が違うのでそれらの干渉を視覚的にチェック。

また、免震部材は毎年の通常点検のほか、5 年、10 年、20 年という周期で定期的な点検が必要であり、そのための維持管理を可能にする点検通路の検証。

c) 運用時点における活用

運用時点で異常が確認された場合や免震部材に寿命が来た場合に必要な、部材交換の手順のシミュレーション。たとえば、24 時間稼働している病院などで免震部材を交換する際、配管・配線を一時的に解体・復旧することが求められた場合、一元管理された BIM の情報をもとに、建物の機能に影響の少ない搬出入ルートを容易にシミュレーションが可能。

これらの他にさまざまな場面で BIM の活用が期待できるが各フェースでの BIM の利用について下表にまとめる。

表 3.4.1 各フェーズごとの BIM 利用による検討

フェーズ	設　計 ──→	施　工 ──→	運　用
内　　容	・免震クリアランスの検討	・機器、配管、ダクトなどとの干渉チェック ・点検ルート、搬出入ルートの検討	・搬出入ルートの確認 ・搬出入シミュレーションの実施
現状の資料	設計図、計算書	設計図、施工図	竣工図、計画書など
BIM 利用	BIM モデル(情報を更新することで一元管理が可能)		

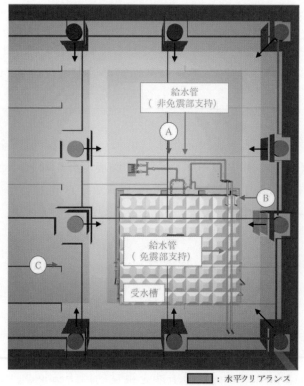

- ■ ：水平クリアランス
- ▢ ：メンテナンス通路
- ← ：免震装置交換方向

図 3.4.1　BIM モデリングの事例(キープラン)

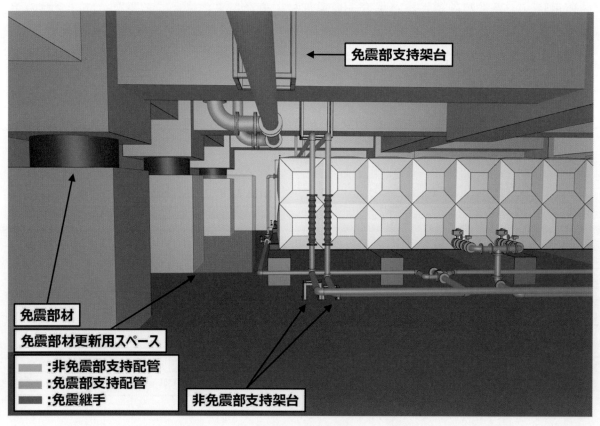

図 3.4.2　BIM モデリングの事例(メンテナンス通路廻り、A 矢視図)

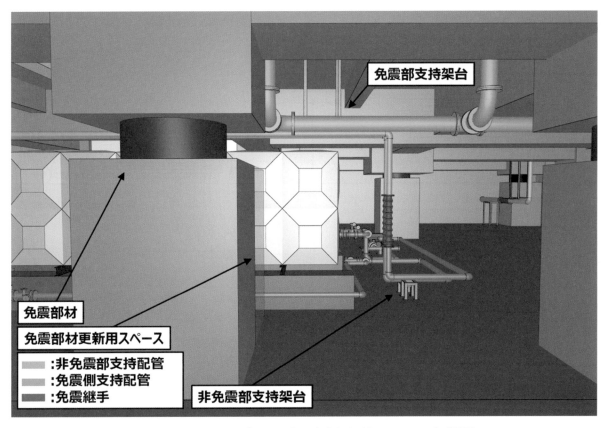

図 3.4.3　BIM モデリングの事例(配管廻り、B 矢視図)

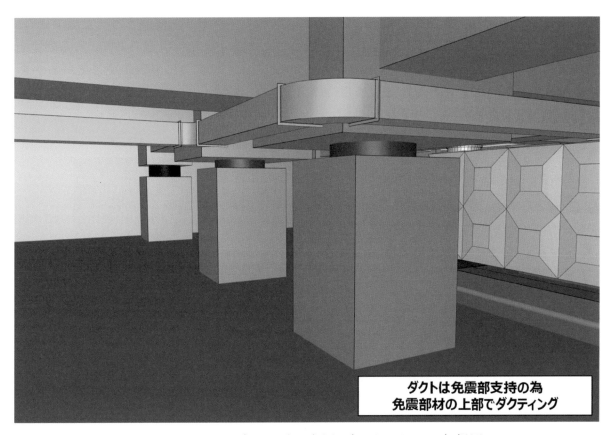

図 3.4.4　BIM モデリングの事例(ダクト廻り、C 矢視図)

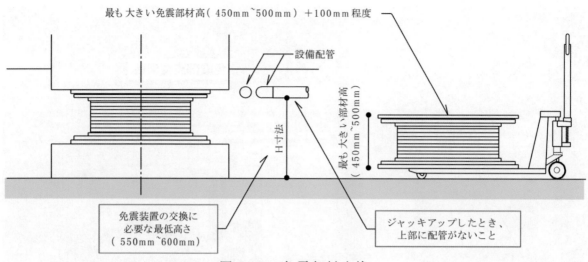

図 3.4.5　免震部材交換

　その他の BIM を用いた検討としてはモデル内のウォークスルーや 4 次元化が挙げられる。BIM を用いたウォークスルーを利用することにより、発注者・設計者・施工者のイメージを共有することができ、合意形成に役立たせることができる。図 3.4.6、図 3.4.7 にウォークスルーの事例を示す。

　4 次元化は 3 次元に時間軸を加えてわかりやすく見えるようにすることで、経験の浅い作業員に対してだけでなく、経験豊富な作業員であっても他工種に対する理解を深めることができ、手順上のクリティカルパスや注意すべきポイントなどの具体的なイメージを共有することができる。加えて、思わぬ理解不足による手戻りなども低減することができる。図 3.4.8 に免震部材の設置の施工手順の事例を示す。また 4 次元化することで、時系列に主要な施工ステップを把握でき、どの段階で干渉が起こりどの部分に無理が生じているかを確認できるということだけでなく、運用時のメンテナンスにおいて必要な組立・解体手順なども視覚的に把握することもできる。

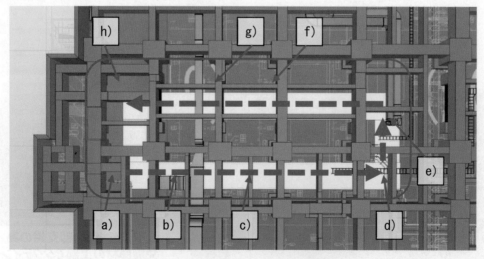

図 3.4.6　BIM を用いたウォークスルー事例（キープラン）

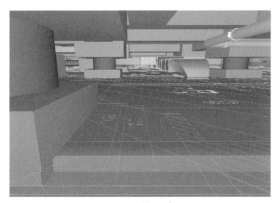

a)　スタート

e)　免震ダンパー廻り

b)　ダクト廻り

f)　ダクトと免震ダンパー廻り 1

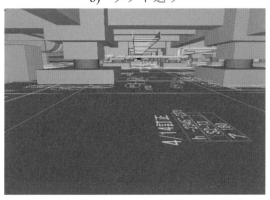

c)　ケーブルラック廻り

g)　ダクトと免震ダンパー廻り 2

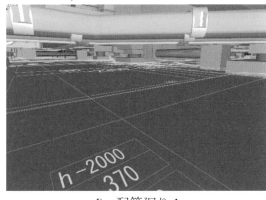

d)　配管廻り 1

h)　配管廻り 2

図 3.4.7　BIM を用いたウォークスルー事例

a)　基礎床打設

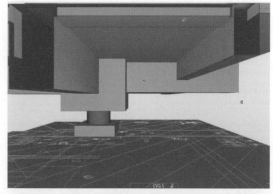

e)　上階梁スラブ打設

b)　免震部材基礎打設

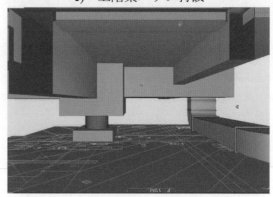

f)　ダクト施工

c)　免震部材設置

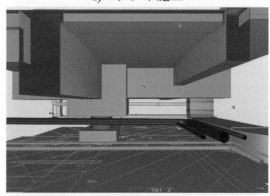

g)　配管施工

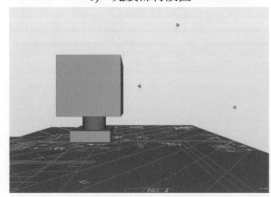

d)　免震部材上部躯体施工

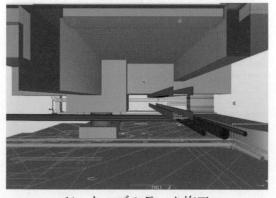

h)　ケーブルラック施工

図 3.4.8　BIM 4 次元化の事例

【参考文献】

1) 大成建設、耐震ネット

   http://www.taisin-net.com/

2) 国土交通省、防災拠点等となる建築物に係る機能継続ガイドライン、2018 年 5 月

【参考文献】

1) 大成建設、耐震ネット

   http://www.taisin-net.com/

2) 国土交通省、防災拠点等となる建築物に係る機能継続ガイドライン、2018 年 5 月

第4章　免震継手

4.1 免震継手の種別と適用範囲

> 　免震継手は、地震動により生ずる建物の相対変位に対し、安全に追従、または吸収するものでなければならない。
> 　設計可動量(免震量)、配管用途、設置環境などに応じて適切な材質と免震継手システムを選定する。

　所定の設計可動量(免震量)をもとに、配管口径や用途に応じて適切な免震継手システムを選定し、その機能を満足するためには以下の性能が必要となる。

(1) 変位追従性能

　地震動時の建物の相対変位に追従する性能をいう。

　水平全方向が主たる変位追従方向であり、水平方向の変位に伴う鉛直方向の変位は微小なため、考慮しなくても良い。

　しかし、長期的な積層ゴム支承のクリープ変位や、変位時には継手が3次元的な挙動を示す場合があるので、クリアランスは鉛直方向にも適切に確保する必要がある。

(2) 耐疲労性能

　免震継手には、免震部の大きくゆっくりとした揺れと非免震部の急激な地震動という異なる振動が両端部に加わるため、これに抵抗できる性能をいう。

(3) 形状復元性能

　繰返し発生する地震動に対し、免震継手が有効に機能するために地震動後に元の形状に戻る性能をいう。

　以上の内容と、設置箇所や作動スペースを総合的に考慮したうえで、免震継手システムの選定、反力値に応じた固定支持部の設計を行う。

　免震継手システムの変位追従または吸収する方式にはいくつかの種別があり、その組合せ方(構成)を次項以降に記載する。

　主な免震継手システムの特徴と留意点を表 4.1.1 に、システムを構成する継手部分の参考的な構造を図 4.1.1～3 に、継手部分の適用範囲を表 4.1.2 に示す。

　また、免震継手システムの選定手順を図 4.1.4 に示す。

表 4.1.1 (1)　一般的な免震継手システム

竪型タイプ	
	特　徴 ● 継手一本・ねじれ吸収継手で水平二次元方向 360°に円滑な変位追従または吸収が可能である。 ● 省スペース、低コスト化が可能である。

留意点	● 金属製継手での使用は、ねじれ吸収継手・機構が必要となる。(地震動時の変位時に生ずるねじれに対して、金属製継手は耐性がないため。) ● 収まり上、免震層の高さが必要となる。 ● 継手を取付ける際、偏心、取付面間に注意が必要となる。
主な用途	給水・冷温水・消火・油・排水・通気　など
継手種別	ゴム製・金属製・フッ素樹脂製

ボールジョイントタイプ	
	特　徴 ● 継手一本で水平二次元方向 360°に円滑な変位追従または吸収が可能である。 ● 必要部材は継手一本なので、省スペース、低コスト化が可能である。 ● 一般的な継手で対応が出来ない特殊用途に適用が可能である。(高圧系統、大口径 など)

留意点	● 継手を取付ける際、偏心、取付面間に注意が必要。 ● 金属製継手のみしか対応が出来ない。
主な用途	消火・連結送水・高圧給水・冷温水　など
継手種別	金属製

表 4.1.1 (2)　一般的な免震継手システム

横水平タイプ	
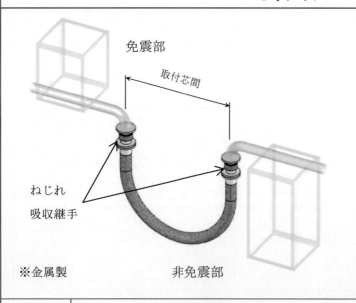 ※ゴム製	**特　徴** ● 継手一本で水平二次元方向360°に円滑な変位追従または吸収が可能である。 ● 必要部材は継手一本なので、省スペース、低コスト化が可能である。 ● 汚水・排水用途として多用される。
留意点	● 継手を取付ける際、偏心、取付面間に注意が必要となる。 ● 排水勾配の考慮が必要となる。 ● ゴム製継手のみしか対応が出来ない。
主な用途	汚水・排水・雨水・通気　など
継手種別	ゴム製

U字タイプ	
免震部 取付芯間 ねじれ吸収継手 ※金属製　非免震部	**特　徴** ● 継手一本・ねじれ吸収継手で水平二次元方向 360°に円滑な変位追従または吸収が可能である。 ● 省スペース、低コスト化が可能である。 ● 横引き配管の一部(途中)にそのまま取付けることができる。
留意点	● ねじれ吸収継手・機構が必要となる。(地震動時の変位時に生ずるねじれに対して、金属製継手は耐性がないため。) ● 継手を取付ける際、偏心、取付芯間に注意が必要となる。 ● 金属製継手のみしか対応が出来ない。
主な用途	給水・冷温水・消火　など
継手種別	金属製

表 4.1.1 (3) 一般的な免震継手システム

ばね吊りタイプ	
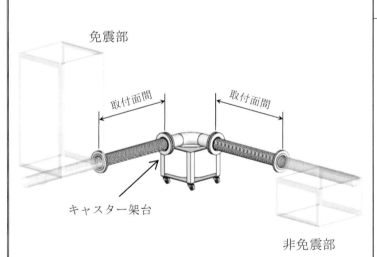	**特　徴** ● 継手を L 字二本組みとすることで水平二次元方向 360°に円滑な変位追従または吸収が可能である。 ● 付属部分がコンパクトなので省スペース、低コスト化が可能である。 ● 吊り支持のため部材の重量は軽く施工は容易である。 ● 複数配管の免震化が可能である。
留意点	● 天井吊り箇所を考慮した配管ルートが必要となる。 ● 天井部のアンカーボルトの墨出しに注意が必要で配管のズレが生じ易い。 ● 施工時と満水時では重量が異なるため、水平を考慮したレベル出しが必要となる。
主な用途	給水・冷温水・消火・蒸気・油　など
継手種別	ゴム製・金属製・フッ素樹脂製

キャスタータイプ	
免震部　取付面間　取付面間　キャスター架台　非免震部	**特　徴** ● 継手を L 字二本組みとすることで水平二次元方向 360°に円滑な変位追従または吸収が可能である。 ● キャスター架台で支持することで、配管レベルが安定する。 ● 複数配管の免震化が可能である。 ● 空調用途などの大口径用途に適する。
留意点	● 他システムと比較して設置スペースが大きく必要。並列系統に使用する場合にはキャスター架台が大きくなるため、搬入口の確保も考慮する必要がある。 ● ステージ架台と併用する場合には、重量物で組立式なので搬入据付に工程管理が必要である。
主な用途	給水・冷温水・消火・蒸気・油　など
継手種別	ゴム製・金属製・フッ素樹脂製

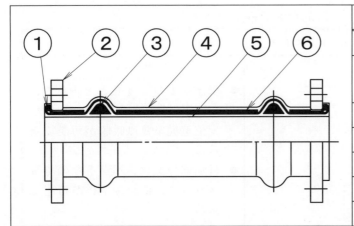

番号	名称	材質
1	補強リング	SS400
2	フランジ	SS400 または SUS304
3	埋めゴム	合成ゴム
4	外面ゴム	合成ゴム
5	内面ゴム	合成ゴム
6	補強コード	合成繊維
主な用途：給水・排水・冷温水 など		

図 4.1.1 ゴム製管継手の構造

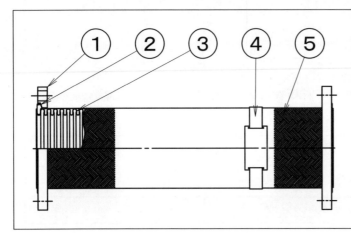

番号	名称	材質
1	フランジ	SS400 または SUS304
2	割りリング	FCMW
3	ベローズ	SUS316 または SUS316L
4	バンド	A1100P
5	ブレード	SUS304
主な用途：消火・蒸気・油 など		

図 4.1.2 金属製管継手の構造

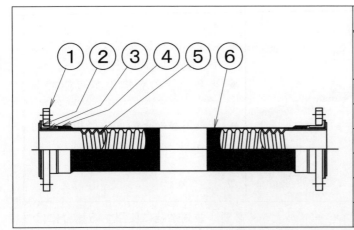

番号	名称	材質
1	フランジ	SS400 または SUS304
2	ラップ ジョイント	SS400
3	芯金	SS400
4	プレスカバー	SUS304
5	ベローズ	フッ素樹脂
6	ブレード	SUS304
主な用途：薬液 など		

図 4.1.3 フッ素樹脂製管継手の構造

SS：一般構造用圧延鋼材

SUS：ステンレス鋼

FCMW：白心可鍛鋳鉄

表 4.1.2 免震継手の適用範囲

種別	主な用途	使用温度(℃)	最高使用圧力 (MPa)
ゴム製管継手	冷水、温水、冷却水、給水、排水　など	70 以下	0.3～1.0
金属製管継手	冷水、温水、冷却水、給水、蒸気、消火油、冷媒　など	300 以下	1.0～2.7
フッ素樹脂製管継手	給湯、薬液、食品衛生、純水　など	150 以下	0.6～1.0
ボールジョイント	冷水、温水、冷却水、消火、油　など	220 以下	3.0

注) 上表に記載のない仕様についても、対応できる場合があるので別途メーカーに問合せのこと。

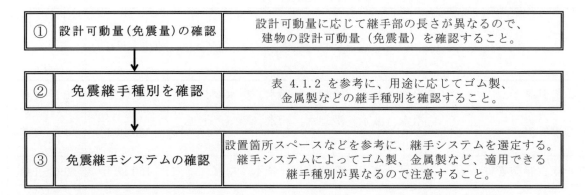

①	設計可動量（免震量）の確認	設計可動量に応じて継手部の長さが異なるので、建物の設計可動量（免震量）を確認すること。
②	免震継手種別を確認	表 4.1.2 を参考に、用途に応じてゴム製、金属製などの継手種別を確認すること。
③	免震継手システムの確認	設置箇所スペースなどを参考に、継手システムを選定する。継手システムによってゴム製、金属製など、適用できる継手種別が異なるので注意すること。

省スペース、施工性、コストなどに優れる竪型タイプ、横水平タイプで検討を始める事が望ましい。

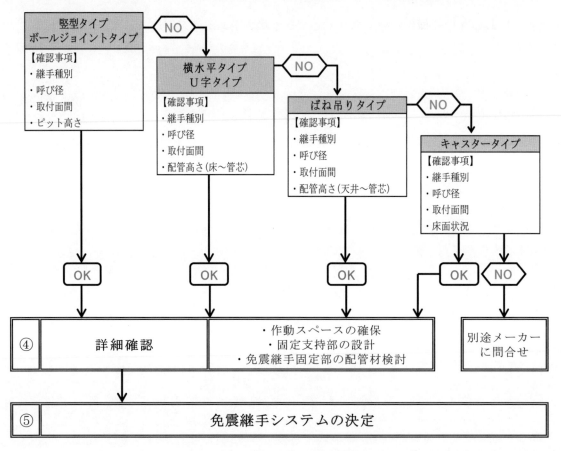

図 4.1.4　免震継手システムの選定手順

4.2　作動スペースの確保

> 設備設計者または設備施工者は、地震動時に免震継手が他の配管、設備機器および構造物に接触しないよう、設計可動量(免震量)に合わせ充分な作動スペースを確保する。また、免震継手の設置後に作動スペース内に障害となるものを置かないように注意する。

地震動時には、図 4.2.1 のように免震継手が変形する。

斜線内の範囲には、免震継手の変形を妨げるものを設置しないこと。

作動スペースを図 4.2.2 のようにペンキなどで標示することが望ましい。

A ＝ 設計可動量＋フランジ外径×0.5＋100※

B ＝ 免震継手長さ＋エルボ長さ

C ＝ 設計可動量

※ 安全を見込んだ値(単位：mm)

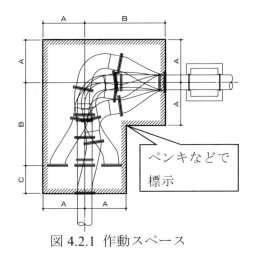

図 4.2.1　作動スペース

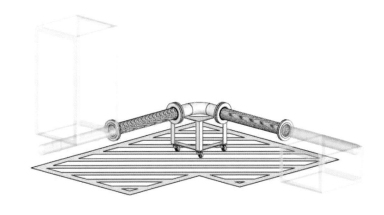

図 4.2.2　作動スペースへの標示

下記、図 4.2.3 のような配管を行うと、免震継手システムの機能を充分に発揮出来ないため、注意が必要である。

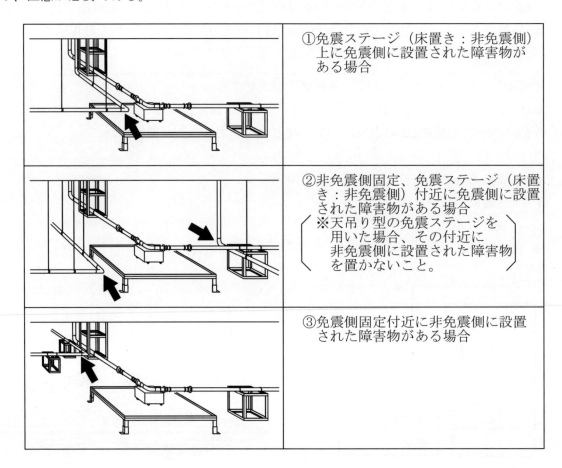

①免震ステージ（床置き：非免震側）上に免震側に設置された障害物がある場合

②非免震側固定、免震ステージ（床置き：非免震側）付近に免震側に設置された障害物がある場合
〈 ※天吊り型の免震ステージを用いた場合、その付近に非免震側に設置された障害物を置かないこと。 〉

③免震側固定付近に非免震側に設置された障害物がある場合

図 4.2.3　配管計画時の留意点

4.3 固定支持部の設計

4.3.1 設備配管の固定

> 免震継手の変位追従および吸収性能を最大限に発揮するため、免震部や非免震部の配管固定支持部は充分な強度を確保する必要がある。

固定支持部が不完全であると、変位追従および吸収が行われず、免震効果が発揮できないため、下記項目に注意して設計する(図 4.3.1、図 4.3.2 参照)。

なお、固定架台の設計については、設計者が行う。

a) 配管の支持は、安全を考慮し免震部・非免震部に設けた固定架台にUボルト二箇所以上、または溶接にて固定する。

b) 固定架台は免震部・非免震部ともに免震継手の近くに設ける。

c) 固定架台の固定部までの配管材料は、配管用炭素鋼鋼管(SGP)または、継手の反力値に応じた強度を有する材料を使用する。

d) 固定支持部のアンカーボルトには、免震継手作動時の引抜力(R_b)およびせん断力(Q)を考慮した設計を行う。

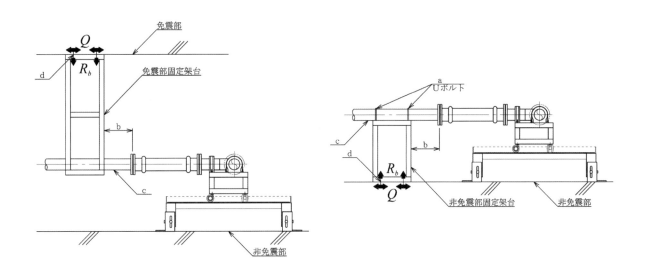

図 4.3.1 免震部固定   図 4.3.2 非免震部固定

4.3.2　固定架台の設計

> 免震継手の固定支持部は、地震動時の変位により配管の固定点に作用する反力を考慮して設計する。

　免震継手の変形による反力値は製造者によって異なるが、参考として免震継手の反力(P)を表 4.3.1 に示す。

　特殊な継手の場合は、個別に製造者へ確認を行うことが望ましい。

　なお、固定架台の設計については、設計者が行う。

　一箇所に多数の配管を併設する場合は、総反力が大きくなり建物構造体強度を設計より考慮する必要がある。場合によっては配管を分散させるなどの対策が必要である。

　また、両端固定された一般的な免震継手と、建物の固有振動数は十分な差があるため、共振についての検討を省略できる。

　なお、配管固定架台の使用部材・アンカーボルトの選定例を表 4.3.2 に示す。ただし、この選定例の免震継手反力は参考値なので、実際は製造者に確認して設計することが望ましい。

施工例

免震部固定架台

免震継手

非免震部固定架台

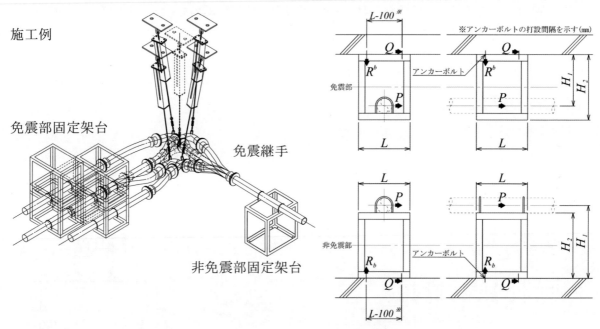

図 4.3.3　固定架台の設計

1)　架台柱材の検討

引張り力

$$T = \frac{P \times H_2}{L \times 2}(\text{N})$$

合成力による検討

$$\frac{T}{A \times F} + \frac{M_1}{Z \times F} \leq 1.0$$

曲げモーメント

$$M_1 = \frac{P \times \left(\dfrac{H_2}{2} \right)}{n}(\text{N})$$

P：免震継手の最大変位反力(N)

H_2：架台高さ(mm)

L：架台最小幅(mm)

n：支柱材本数

A：部材の断面積(mm²)

F：部材の基準強度

　　　(235 N/mm² (SS400 の場合))

Z：部材の断面係数(mm³)

2) **梁材の検討**

必要断面係数の計算

$$Z_a = \cfrac{\cfrac{\left(\cfrac{P}{2} \times L\right)}{4}}{f_b} (\mathrm{mm}^3)$$

ここに $Z_a < Z$ ならば OK

3) **アンカーボルトの検討**

引抜き力

$$R_b = \frac{P \times H_1}{(L-100) \times n_t} (\mathrm{N})$$

せん断力

$$Q = \frac{P}{n_a} (\mathrm{N})$$

ボルトのせん断耐力

$$S = A_b \times f_s (\mathrm{N})$$

ここに $Q < S$ ならば OK

$$A_b = \frac{\pi \times d^2}{4}$$

f_b：部材の短期許容曲げ応力度
 (235 N/mm^2 (SS400 の場合))
H_1：重心距離(mm)
n_t：片側アンカーボルト本数
n_a：アンカーボルト全本数
A_b：ボルトの断面積(mm^2)
f_s：ボルト短期許容せん断応力度
 (101 N/mm^2(SS400 の場合)[1])
S ：ボルト短期許容せん断力(N)
d ：ボルトの呼径(mm)

表 4.3.1 参考値：免震継手の反力 P (使用圧力 0.98MPa に加圧時の数値)

ゴム製管継手		金属製管継手	
呼び径	最大反力(N)	呼び径	最大反力(N)
25A	1,200	25A	1,200
50A	2,100	50A	2,100
100A	6,000	100A	6,000
200A	10,000	200A	16,000

表 4.3.2 配管固定架台の使用部材・アンカーボルトの選定例

免震継手反力（P）	寸法（mm）		使用部材	床固定アンカーボルト		壁側面・天井固定アンカーボルト	
	H_2	L	等辺山形鋼	サイズ	本数	サイズ	本数
1960N	250	300	L-40×40×5	M12	4	M12	4
		500	L-40×40×5	M12	4	M12	4
		1000	L-40×40×5	M12	4	M12	4
	500	300	L-40×40×5	M12	4	M12	4
		500	L-40×40×5	M12	4	M12	4
		1000	L-40×40×5	M12	4	M12	4
	750	300	L-40×40×5	M12	4	M12	4
		500	L-40×40×5	M12	4	M12	4
		1000	L-40×40×5	M12	4	M12	4
4900N	250	300	L-40×40×5	M12	4	M12	4
		500	L-40×40×5	M12	4	M12	4
		1000	L-40×40×5	M12	4	M12	4
	500	300	L-40×40×5	M16	4	M12	8
		500	L-40×40×5	M12	4	M12	4
		1000	L-50×50×6	M12	4	M12	4
	750	300	L-50×50×4	M20	4	M16	8
		500	L-50×50×4	M12	4	M16	4
		1000	L-50×50×6	M12	4	M12	4
9800N	250	300	L-40×40×5	M20	4	M16	8
		500	L-50×50×6	M12	4	M16	4
		1000	L-65×65×6	M12	4	M12	4
	500	300	L-50×50×6	M16	8	CM16	8
		500	L-50×50×6	M16	4	M12	8
		1000	L-65×65×6	M12	4	M12	4
	750	300	L-65×65×6	M20	8	CM16	8
		500	L-65×65×6	M20	4	M16	8
		1000	L-65×65×6	M12	4	M16	4
14700N	250	300	L-50×50×4	M16	8	M20	8
		500	L-65×65×6	M16	4	M20	4
		1000	L-75×75×6	M12	4	M12	4
	500	500	L-65×65×6	M12	8	M16	8
		1000	L-75×75×6	M12	4	M16	4
	750	500	L-65×65×6	M16	8	CM16	8
		1000	L-75×75×6	M16	4	M20	4
19600N	250	300	L-50×50×6	M20	8	CM20	8
		500	L-65×65×6	M20	4	M16	8
		1000	L-75×75×9	M12	4	M12	4
	500	500	L-65×65×6	M16	8	CM20	8
		1000	L-75×75×9	M16	4	M20	4
	750	500	L-65×65×6	M20	8	CM16	8
		1000	L-75×75×9	M20	4	M16	8
24500N	250	500	L-75×75×6	M12	8	M20	8
		1000	L-90×90×7	M12	4	M16	4
	500	500	L-75×75×6	M20	8	CM16	8
		1000	L-90×90×7	M16	4	M16	8
	750	1000	L-90×90×7	M12	8	M20	8
29400N	250	500	L-75×75×6	M16	8	M20	8
		1000	L-100×100×7	M12	4	M20	4
	500	1000	L-100×100×7	M20	4	M20	8
	750	1000	L-100×100×7	M16	8	M20	8

【アンカーボルト】　M：あと施工金属拡張アンカー(おねじ形)

CM：あと施工接着系アンカー

許容応力度は一般構造用鋼材で検討

4.3.3 免震継手固定部の配管材検討

> 固定部の配管には免震継手から固定架台までの距離によって曲げ応力が生ずるため、免震継手の反力値に応じた材料を選定して使用する。

免震継手から固定架台までの配管材料は、免震継手反力に応じて強度的な安全を確認した上で使用する。排水鋼管用可撓継手（MD 継手）・ねじ込み式継手など強度的に弱い部材は使用しない。

ただし、固定架台以外の他の部分については特に定めない。

地震動時の免震継手反力による配管の強度検討

SGP 管相当の固定点までの距離は表 4.3.1 免震継手の反力の値（参考値）を用いて算出した表 4.3.3 を参照のこと。

配管にかかる短期曲げ応力度

$$\sigma = \frac{M}{Z} \leqq 174 \left(\text{N/mm}^2\right)$$

(SGP 管相当)　　Z : 配管の断面係数(腐食代 1mm 見込む)

配管にかかる曲げモーメント

$M = L \times P$　　　　　　　L : 配管フランジ部から配管固定点までの距離

　　　　　　　　　　　　　　P : 免震継手の反力

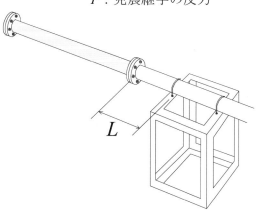

表 4.3.3　免震継手フランジ部から配管固定点までの最大距離(参考値)

配管			ゴム製管継手		金属製管継手	
呼び径	配管外径	配管肉厚	継手反力 P	最大 L	継手反力 P	最大 L
	mm	mm	N	mm	N	mm
25A	34	3.2	1,200	200	1,200	200
50A	60.5	3.8	2,100	500	2,100	500
100A	114.3	4.5	6,000	900	6,000	900

呼び径 50A 以上については　500 mm 以内を基準とすることが望ましい(銅配管を除く)。

4.4 使用材料

4.4.1 材料

> 設備配管の免震継手に使用される材料は使用流体および設置環境に適した材料を使用する。

1) ゴム製管継手内面材

ゴム材料	CR　　　(クロロプレンゴム) (JIS K 6388)または、 EPDM (エチレンプロピレンジエンゴム) (JIS K 6395)など

特殊流体配管などについてゴム材料は別途協議とし、これによらなくても良い。

2) 金属製管継手内面材

ベローズ材料	SUS304　　　(JIS G 3459　JIS B 2352)または、 SUS316(L)　　(JIS G 3459　JIS B 2352)

3) フッ素樹脂製管継手内面材

ベローズ材料	PTFE など(製造者規格による)

4) 鋼管材

配管材	SGP　　　　(JIS G 3452)または、 STPG　　　　(JIS G 3454)または、 銅溶接管(空調用冷媒) (JIS H 3300)または、 SUS304　　　(JIS G 3459)
フランジ	SS400　　　(JIS G 3101) (JIS B 2220)または、 SUS304　　　(JIS G 4304)

5) フランジ接続ボルト材

ボルト	SS400 相当　　(JIS B 1180) SUS304 相当　　(JIS B 1180) 強度区分 4.6 および 4.8　　(JIS B 1051)

4.4.2 防錆など

> 発錆などのおそれのある部位は性能に支障をきたさないよう防錆処理をする。

1) 防錆

防錆は塗装または亜鉛めっきとする。

塗　装		亜鉛めっき
下地処理	ワイヤブラシ(2 種ケレン)	電気亜鉛めっき
防錆塗装	防錆塗装　2 回以上 (JIS K 5674)	Fp-Fe/Zn 8(JIS H 8610)以上 または
上塗り	設計図書による	溶融亜鉛めっき HDZ55(JIS H 8641)以上

防錆の仕様は設備設計仕様に準ずるが、製作工程上困難な場合は同等の防錆性能を有する他の処理方法に代えることができる。

2) 配管の色別

免震部と非免震部で区別することが望ましい。

4.5 製品検査

> 設備施工者および工事監理者は、免震継手に関し、製品検査成績書の提出を製作者に求め、仕様を確認する。

免震継手の製品検査は、表 4.5.1 の項目について行う。

表 4.5.1 製品検査項目

検査項目		検査内容	検査頻度	判定基準	処置
寸法検査		製品寸法：長さ測定 フランジ：外径・穴径 　　　　　ボルト穴ピッチ	※1	検査基準内であること	再製作
外観検査	免震継手	傷・変形の有無	全数	実用上有害な変形・傷がないこと	再製作
	配管材	フランジの変形	全数	異常な変形がないこと	再製作
		表面処置	全数	浮き、剥がれなど有害な傷がないこと	補修

※1　製作者の基準による

4.6 性能評価方法

免震継手の性能を確認するために性能検査を行う。ただし、同種製品に対して検査が行われている場合は、その報告書で代えることができる。

免震継手の性能検査は、表 4.6.1 の項目について行う。

表 4.6.1 性能検査項目

検査項目	検査規格	判定基準
水平方向 変位性能	水平変形：±設計可動量相当 試験圧力：製品最高使用圧力 上記範囲で 50 サイクルの水平加力を行う	外観上、異常がないこと
耐圧性能	試験圧力：製品最高使用圧力×1.5 保持時間：5 分以上	漏水などの異常がないこと

免震建物はその構造上、非免震部と免震部の間に大きな相対変位が生ずる。そこで、建築設備においては免震層を通過する給排水などの設備配管を設計する際、この相対変位に対してスムーズに追従、および吸収できる性能を有する免震継手を設置する。

製作者は性能確認試験の試験成績書を作成し、同種製品に対して既製品の報告書(試験成績書)としてよい。

性能確認試験の項目と判定基準は下記による(図 4.6.1～5 参照)。

その免震継手にとって下記に示す最も負担が生ずる方向にて繰返し 50 回を基準として水平変形を与える。

変位速度は 50 cm/s 以上とし、外観上異常がないことを確認する。

例として図 4.6.5 に示すような水平変位 40 cm の場合、試験での周期は約 3 秒とする。

$$(40(cm)×2×2)/50(cm/s)＝3.2(s)$$

また水平方向変位性能試験後、製品最高使用圧力の 1.5 倍の圧力を 5 分間負荷し、漏水などの異常がないことを確認する。

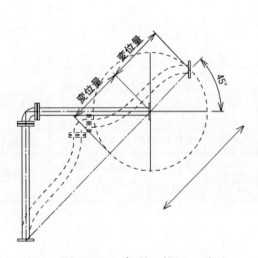

図 4.6.1 L 字型の繰返し方向

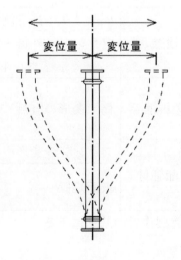

図 4.6.2 竪型の繰返し方向

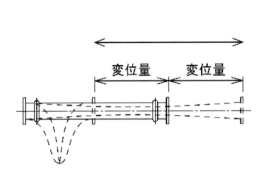

図 4.6.3 水平型の繰返し方向

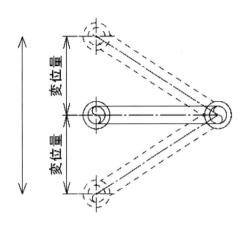

図 4.6.4 U 字型の繰返し方向

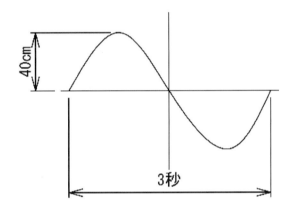

図 4.6.5 変位周期の取り方

4.7 維持管理における点検

4.7.1 免震継手の耐久性

> 免震継手は、定期的な点検を行い、異常があれば交換を要する。また、建築設備に多用される他の継手類も同様に消耗品であるため、定期的に更新が必要である。

　製品の寿命は、使用状況、設置環境、状態および製造者によって様々であるが、更新の大凡の時期を設定する。各材料による目標耐用年数を表 4.7.1 に示す。更新については、医療施設や電算センターなど機能を停止することができない重要なラインについては予備ルートも検討しておく必要がある。

表 4.7.1 目標耐用年数

種　別	材　料	各材料の目標耐用年数
ゴム	CR EPDM など	10〜15 年
金属	SUS SS など	15〜20 年
フッ素樹脂	PTFE など	10〜15 年

4.7.2 維持管理における点検

> 免震継手の機能を維持するため、定期的に点検を行う。

(1) 人為的な不具合
建物関係者が免震継手の知識を持ち得ないために、建物使用中に免震継手の作動スペース内に障害物を設置してしまうなどの人為的不具合の発生が危惧される。

(2) 地震発生後の不具合
通常、静止状態の免震継手が地震動時には瞬時に大きく作動する。そのため、地震発生時には正常に作動していても、地震動後免震継手の変形やボルトの緩みなどがないか確認する。

(3) 標準的な点検概要を表 4.7.2 に示す。

(4) 標準的な点検項目を表 4.7.3 に示す。

表 4.7.2 検査・点検概要 [2]

検査・点検種別	時期	実施責任者	方法	箇所	内容
竣工時検査	竣工時	施工者	目視計測	全数	各種点検に必要な初期値を計測する重要な点検
通常点検	毎年	建物所有者または建物管理者	目視	全数	免震機能の異常や不具合の早期発見
定期点検	竣工後 5 年 10 年、以後 10 年毎		目視計測	目視は全数、計測は抜取り	損傷または劣化状況を判断するうえで重要な点検
応急点検	大地震、強風、水害、火災等被災時		目視	全数	被災箇所を特定し、建物管理者や設計者に迅速に情報を伝達するための点検
詳細点検	各点検で異常が認められた場合		目視計測	設計者が定める	定期点検で異常が認められた場合および応急点検後異常が認められた部位を中心に被災箇所は重点的に点検
更新工事後点検	免震機能に影響する工事が実施された場合		目視計測	工事箇所全数	使用条件が守られ正しく施工されているかを確認

表 4.7.3 点検項目 [2]

位置	部材	詳細	点検項目	点検内容詳細	方法
免震層	免震層内の環境*1		障害物・可燃物	有無	目視
			排水状況	漏水、吹込、帯水、結露の状況	目視
設備配管および電気配線	設備配管可撓継手*2	上下水道、ガス、その他配管	設置位置	位置の確認	目視
			継手固定部、吊り金具・固定金具などの状況	発錆、傷、亀裂、破損などの有無	目視
				取付ボルトの錆、緩み	目視または打音
				液漏れ	目視
		配管、ケーブルラック、躯体、外周部など	相互クリアランス	水平、上下のクリアランスの有無（量）	目視(計測)
	電気配線*3	電源、通信ケーブル、避雷針・アース他	設置位置	位置の確認	目視
			変位追従性	余長の確認	目視

*1 免震層内の環境

　　免震層は、用途が指定されていない限り倉庫や居室として使用できない。設置された物品が地震時の免震建物の動きを阻害しないか、設備配管や電気設備に損傷を与えないかを確認する。

　　免震層は、駐車場や居室等で利用する場合以外には火災の発生を想定しておらず、支承に耐火被覆が施されていない場合も多い。このことから免震層に可燃物が無いことを確認する。なお、塩ビ配管や電気配線は可燃物であるが、免震建物では多くの使用実績があり特に問題が生じていないが、配線の束等が高密度に配置されている場合、竣工時検査時に可燃物の可能性ありとして記録に残す。

*2 設備配管可撓継手

　　設備配管において免震機能に影響するのは、可撓継手の取り付け位置とその可撓性であり、建物の動きに追従しながら配管そのものの機能も維持する必要がある。したがって維持点検では可撓継手のみならず、その周辺についても目視で確認できる範囲で劣化状況や液漏れ等に注意を払う必要がある。また機器相互間、躯体と機器間のクリアランス確保も重要である。

・設置位置

　可撓継手が適正な位置に設置され、免震建物の動きに追従できるか確認する。大口径の配管の場合は、容易に動かして確認できないため、機構上可撓となっているか確認する。

・劣化状況、液漏れ

　配管・可撓継手・吊り金具・周辺躯体等の劣化状況や液漏れ等も点検する。

・傷、亀裂

　可撓継手部やその周辺において、有害な傷や亀裂があるかどうか目視にて点検する。

・クリアランス

　設備配管に関わるクリアランスは、配管自体だけではなく継手固定部、吊り金具、固定金具についても点検する。

・追加工事

　免震層内で、設備配管の追加工事が行われた場合は、更新工事後点検として上記各項目を点検する。

*3 電気配線

　電気設備において免震機能に影響するのは、免震層をまたぐ電気配線であり、免震部の変形に追従する必要がある。

・余長

　配線が、免震部と非免震部にまたがっている場合、たるみ等の余長が設計で考慮されている変位に追従できることを確認する。

・避雷設備（設置確認は竣工時検査）

　免震建物は、支承およびダンパーによってのみ電気的に地盤とつながっている場合が多く、落雷時に、支承やダンパーを高圧の電流が通過するおそれがある。竣工時検査では避雷針とアースが支承をバイパスしていることを確認する。通常点検、定期点検等では目視できる範囲の劣化について点検する。

・追加工事

　免震部と非免震部にまたがって配線の追加工事が行われた場合は、更新工事後点検としてその部分について余長を確認する。特に本体工事完了後に、外部からの各種引き込み線工事を行った場合は、余長等が適正に確保されているか留意する。

4.7.3 免震継手などの主な施工留意点

以下に主な施工留意点を示す。

配管の交差部	施工留意点
	①免震部配管と非免震部配管の架台とのクリアランス ②免震部配管の吊りボルトと非免震部配管とのクリアランス
ケーブルラック周辺	施工留意点
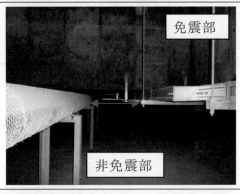	①免震部ケーブルラックと非免震部配管との鉛直クリアランス ②免震部ケーブルラックの吊り金物と非免震部の配管とのクリアランス
仮設ボルトの取り忘れ	施工留意点
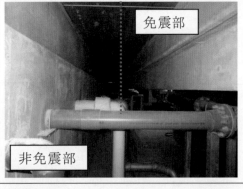	配管仮設ボルトの取り忘れに注意
釜場周辺	施工留意点
	①免震側配管と非免震側配管のクリアランス ②ポンプ配線の余長 　（配線余長はあるが結束バンドで止めているため余長不足の場合がある） ③免震側配管と基礎立上りのクリアランス

図 4.7.1 免震継手などの主な施工留意点(1)　　（撮影者:中塚實）

感知器	施工留意点
	免震側の感知器と擁壁のクリアランス
ダクト周辺①	施工留意点
	ダクトと基礎のクリアランス
ダクト周辺②	施工留意点
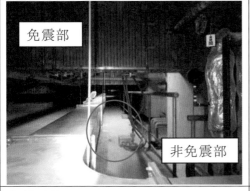	免震部ダクトと非免震部配管などのクリアランス
余長不足	施工留意点
	結束バンドで結束されているための余長不足

図 4.7.1 免震継手などの主な施工留意点(2)　　　(撮影者:中塚實)

4.7.4 免震部材の交換ルートを考慮した配管・配線

交換ルート上の配管やケーブルラックなどは、免震部材の移動を考慮した高さの検討が必要である。

ケーブルラックについては、交換ルート部分のみ山型にしているケースが見られる。

写真 4.7.1 免震部材の交換ルートを考慮したケーブルラック　(撮影者:中塚實)

4.7.5　BIM を活用した FM による検討

> 　免震建物の免震部材および設備配管を継続して適切に維持管理するための手法の一つとして、BIM を活用したシステムの導入が望ましい。

　日本における BIM 元年と言われている 2009 年から 10 年が経過し、BIM は設計や施工のためのツールとして広く使われるようになってきている[3]。

　BIM モデルは「属性情報」と「3 次元の形状情報」の二つの情報を持つ。「属性情報」は、建物スペックや設備機器などの台帳として、「3 次元の形状情報」は、面積や数量、施設情報の可視化と視覚的な情報共有などに活用できる。

　こうした BIM モデルの持つ情報(図 4.7.3 参照)と建物の維持管理情報を紐づけ、建物のライフサイクルを通して有益な情報として蓄積、管理する(図 4.7.4 参照)ことで、ファシリティマネジメント(Facility Management、以下 FM)に活用しようとする取り組みも行われつつある[4]。

　BIM を活用することで、人が立ち入ることが難しい場所や容易に目視・点検などができない場所にある機器、取り合いや構成が複雑な部材や機器をわかりやすい 3 次元表示で確認することができ、竣工後に発生する膨大な保守情報を蓄積し、運用改善や予防保全のための情報として分析・活用することも可能となる。

　一例に、建物の 3D 形状の各部材に維持管理に関する情報を入力した BIM モデルを構築し、それと同時に機能する部材データベースを維持管理データベースとして維持管理業務で活用するシステムが開発されている(図 4.7.5 参照)。

　このシステムでは、視覚的・直感的に建築の部材情報の確認が可能となる。免震部材および設備配管の情報・交換時期などをシステム内にタグにて記録することで、効率的に FM に必要な情報を管理することが可能である。また免震建物は地震動時に免震層に大きな相対変位が生ずるが、BIM を用いて変位状況を可視化することで、点検担当者まで地震動時の変位状況を共有する。

　免震建物の免震部材および設備配管が継続して適切に維持管理されるために、BIM を活用したシステムを導入は効果的である。

　BIM モデルを活用した手法ではないが、BIM モデルの代わりにパノラマ写真を活用し、建物内外をウォークスルーしながら写真上のタグをクリックすることで、設備機器情報などを確認できるシステムも開発されている(図 4.7.5 参照)。

　BIM モデルのさらなる活用として、用途の変更や設備機器の更新などのシミュレーションを行い、現実の建物にフィードバックすることで、建物運営や維持管理の最適化を図ることも可能である。また、点検情報や修繕情報によって BIM モデルを更新し、さらに解析を行うことで、経年や使用状況による劣化や故障などの予測、予知保全などが可能となることも期待される。

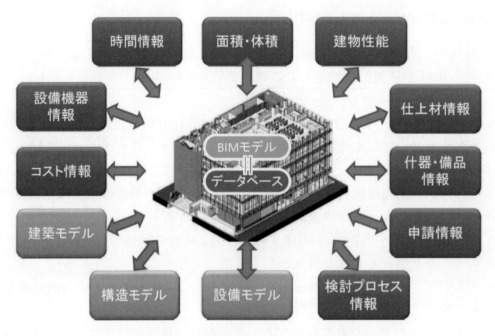

図 4.7.2 BIM モデルの持つ情報

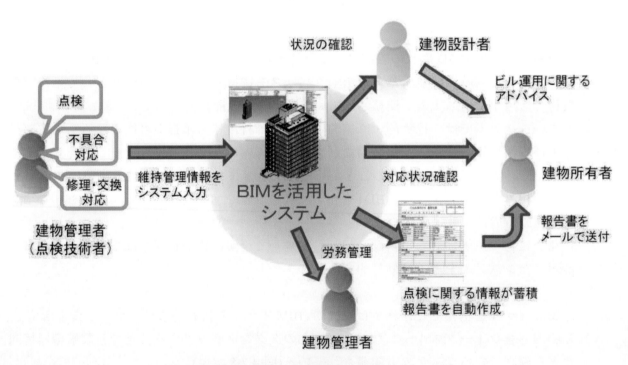

図 4.7.3 BIM モデルを活用した FM フロー(例)

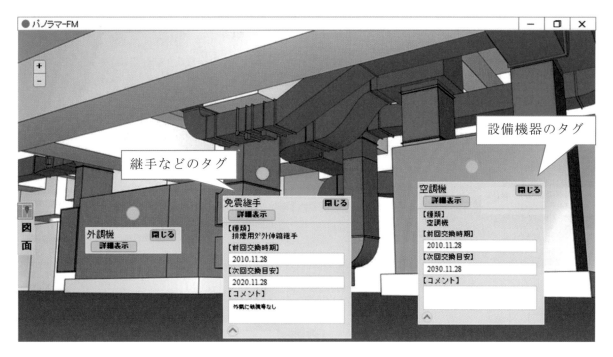

図 4.7.4(a) BIM 活用した維持管理システムの例(1)

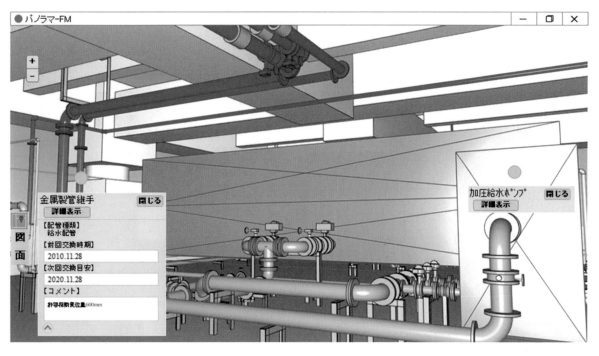

図 4.7.4(b) BIM 活用した維持管理システムの例(2)

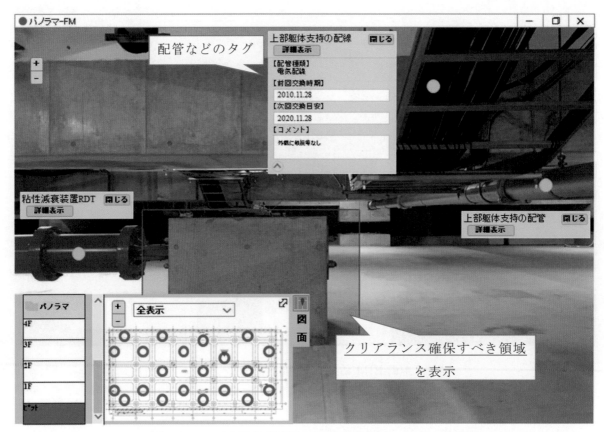

図 4.7.5(a) 写真を活用した維持管理システムの例(1)

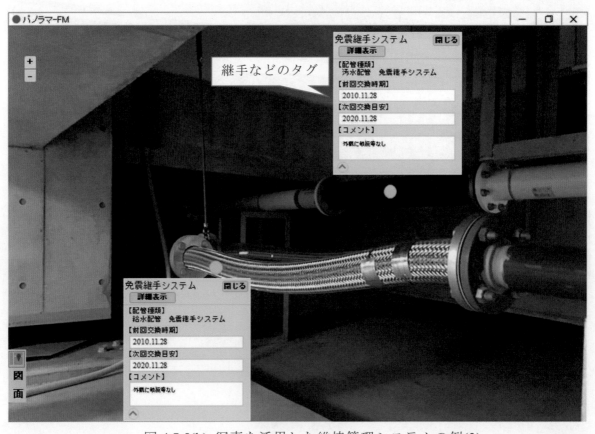

図 4.7.5(b) 写真を活用した維持管理システムの例(2)

【参考文献】

1) (一財)日本建築センター、建築設備耐震設計・施工指針 2014 年版、2014 年 9 月

2) (一社)日本免震構造協会、免震建物の維持管理基準-2018-、2018 年 8 月

3) (一社)日本建設業連合会建築生産委員会 IT 推進部会他、施工 BIM のスタイル 施工段階における元請と専門工事会社の連携手引き 2014、2014 年

4) (株)大成出版社、主として建築設計者のための BIM ガイド、次世代公共建築研究会 IFC/BIM 部会ほか、2017 年

第 5 章　その他設備の免震対応

5.1　電気配管・ケーブル

5.1.1　一般配線

> 免震層に敷設される一般の電気配線は免震層の最大水平変位量以上の余長をとる。

　一般の電気配線は免震層の最大水平変位量に充分に追従できるよう余長をもたせる。ケーブルの種類・配線量、敷設方法により引込み配線には以下の方法がある。

(1)　平面ケーブル余長法

　平面的にケーブルの余長を確保する方法で、必要面積は大きくなる。

(2)　立面ケーブル余長法

　ケーブルの立上がり部で余長を確保する方法で、本数が多い場合には相互間の離隔が必要。

(3)　立面ループケーブル余長法

　ケーブルの立上がり部で輪を作って余長を確保する方法で、柔らかく細いケーブルに適用。

　ケーブル余長の検討においてもっとも簡便な方法は下記による。変位吸収範囲の例を図 5.1.1 に示す。

$$L \geqq 1.2(l + \delta)$$

　　L: 電線などの必要長さ(mm)

　　l: 電線などを施設するときの最短長さ(mm)

　　δ: 最大水平変位（mm）

　また、「建築電気設備の耐震設計・施工マニュアル」改訂第 2 版[1]では、立面ケーブル余長法の計算例を示している。いずれにしても各条件を考慮してケーブルに損傷を与えないように十分な余長をとることが重要である。また、変位した場合でも配線の最小曲げ半径を確保し、さらに通常の敷設でもケーブルにかかる応力や放熱性の確保をはかる。

　さらに、免震層内は変位対応のための設備スペースだけでなく点検・交換の動線としても利用するため、免震層をまたぐ位置などについては建築・構造・設備との調整を行う必要がある。

　図 5.1.2 に配線例を示す。

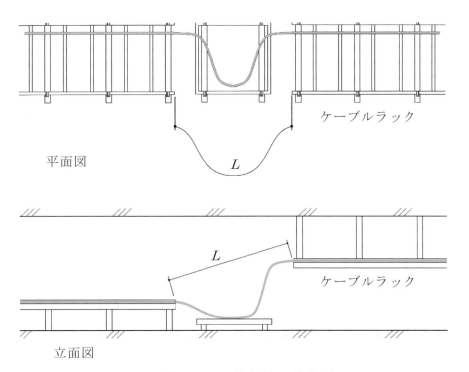

平面図

立面図

図 5.1.1 一般配線の敷設例

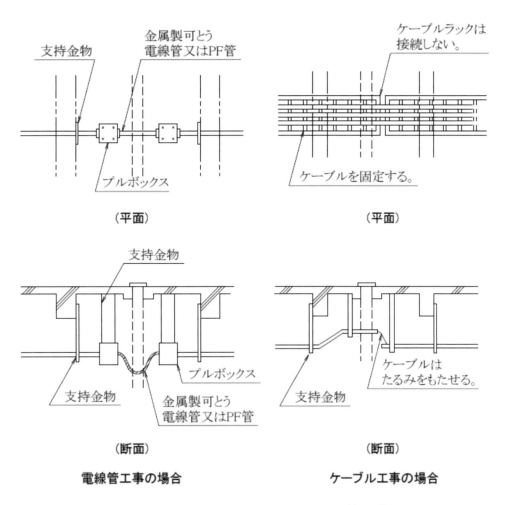

（平面）

（平面）

（断面）

（断面）

電線管工事の場合

ケーブル工事の場合

図 5.1.2 エキスパンション部の配線例 2)

5.1.2 高圧配管など免震建物導入部の引込配線について

> 免震層では大きな変位が想定されるので、インフラとして重要な電気引込配管配線はできるだけ免震層を避けた引込ルートを計画する。なお、実際の計画および施工時には電力会社と充分に協議のうえ詳細仕様を決定すること。
>
> やむを得ず、免震層をまたいで引込む場合は、地震動時に免震部と非免震部との間に生ずる最大水平変位量を吸収できるような措置を講ずる。

1) 配管について

免震建物へ配管する場合は、地震動時に免震部と非免震部との間に生ずる最大水平変位量を吸収できるような措置を講ずる。

2) 配管支持

a) 免震層を通過する配管の両端に使用する固定支持材は、堅固に躯体などに固定する。
b) 免震部の横引き配管は、各階における設計用水平震度を使用して支持材を選定する。
c) 免震部の縦配管は、非免震建物と同じ支持材を選定する。

3) ケーブル保護措置

電力ケーブルは、6,600 ボルト以上の高電圧(11,000 ボルト以上特別高圧)であるため、保守技術員など電気関係者以外の人の出入が考えられる場所においては通常、ケーブル損傷による配電線事故および感電災害を防止する必要がある。このため、免震層内においても例外ではなく、電力ケーブルの露出施工は認められず、配管などにより電力ケーブルを防護する。

免震層を通過する配管の施工例を図 5.1.3 に示す。

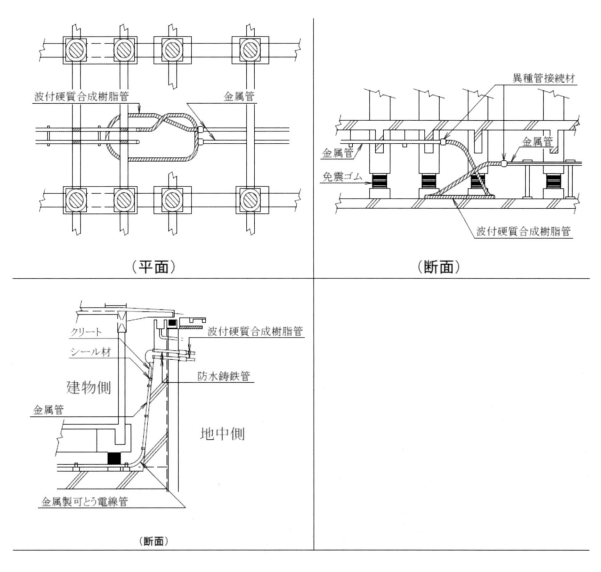

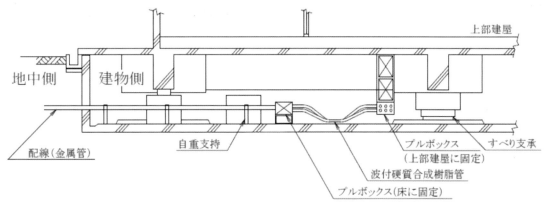

図 5.1.3 免震建物導入部の引込み配線例 [2]

5.1.3 特別高圧電線路について

> 2014年9月に改定された日本電気技術規格委員会規格「免震建物における特別高圧電線路の施設」に準拠すること。なお、実際の計画および施工時には電力会社と充分に協議のうえ詳細仕様を決定すること。

同規格では、免震層について電線路の施設場所への一般公衆の立入禁止措置を施すことにより暗きょ相当の保安が確保できるものとして、変位吸収部においては暗きょ式の地中電線路の要件を課すことによって電線を堅ろうな防護装置に収めることを不要としている。

1) 特別高圧引込み部出入口の例

写真 5.1.1 のように特別高圧引込み部は関係者を除いて出入りできないようにする。そのための掲示が必要である。

写真 5.1.1 特別高圧引込み部の掲示例

2) 特別高圧ケーブルのスライダー部および固定部の事例

特別高圧ケーブルの引き込みについては JESC　E2017(2014)にある「免震建築物における特別高圧電線路の施設」を参照して施設計画を行う(図 5.1.4，写真 5.1.2 参照)。

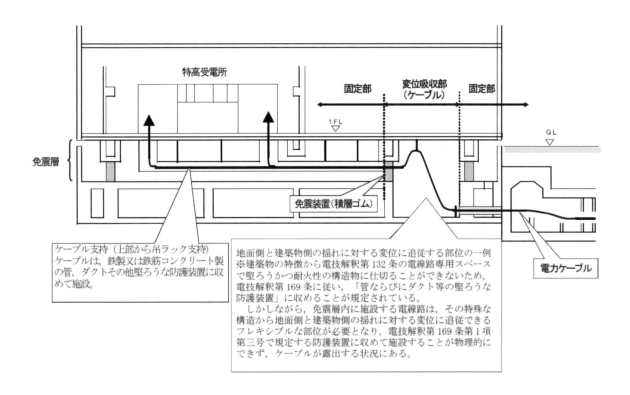

図 5.1.4 免震層に特別高圧地中電線路を施設する場合の例 [3]

写真 5.1.2 特別高圧ケーブルの引込み例

5.1.4 避雷針接地対応

> 柱下に設置する免震部材のアイソレータの上下フーチングには、避雷針接地対応の避雷導体を配線する。なお、導体の配線には十分な余長を持たせる。

　柱下に設置される免震部材のアイソレータは、材料にゴムを使用している場合が多く電気的に絶縁される可能性がある。そこで、アイソレータの上下フーチングには、十分な余長を持たせた避雷針接地対応の避雷導体を配線する。

写真 5.1.3　避雷導体設置例

5.2 ガス設備配管

5.2.1 ガス配管の免震処置

> 免震建物におけるガス配管の設計については、「一般社団法人日本ガス協会「供給管・内管指針(設計編)」(2017)」に準拠する。なお、実際の計画および施工時にはガス事業者と充分に協議のうえ詳細仕様を決定すること。

1) 配管方法

免震層へ配管する場合は、地震動時に免震部と非免震部との間で生ずる最大水平変位量を吸収できるように免震継手（可撓管継手・ボールスライドジョイント）を設置する。

2) 配管支持

配管支持については以下の3点に留意する。

a) 免震層などを通過する配管の両端に使用する固定支持材は、堅固に建築躯体などに固定する。

b) 免震部以降の横引き配管は、非免震建物と同じ耐震支持材を選定する。

c) 免震部以降の縦配管は、非免震建物と同じ耐震支持材を選定する。

3) 免震層を通過する配管の例

a) 可撓管継手を使用した場合の例

可撓管継手2本を水平面内で互いに直角になるように設置し、変位吸収による応力が両端固定点以降の配管に伝達しないように、できる限り可撓管継手の近傍の両端を堅固に固定支持する。さらに、可撓管継手間のエルボ部分を水平方向に自由に移動できるキャスター付自重支持架台および敷板を設置して水平変位を吸収する。設置例を図5.2.1に、各可撓管継手が吸収可能な相対変位量を表5.2.1に、敷板の大きさを、表5.2.2に示す。

表 5.2.1　可撓管継手の全長(L)と最大相対変位量との関係の例 [4]　（単位：mm）

呼径 (A) ＼ 最大相対変位量	50	100	150	200	250	300	350	400	450	500	550	600	650	700
25														
40														
50		700			1000				1200			1500		
80														
100														1700
150	1000		1200		1500		1700		2000		2200			2500

表 5.2.2 最大相対変位量と敷板の大きさとの関係の例 [4]

	最　大　相　対　変　位　量												
	50	100	150	200	250	300	350	400	450	500	550	600	650	700
敷板	1000×1000					1200×1200		1500×1500			2000×2000		2200×2200

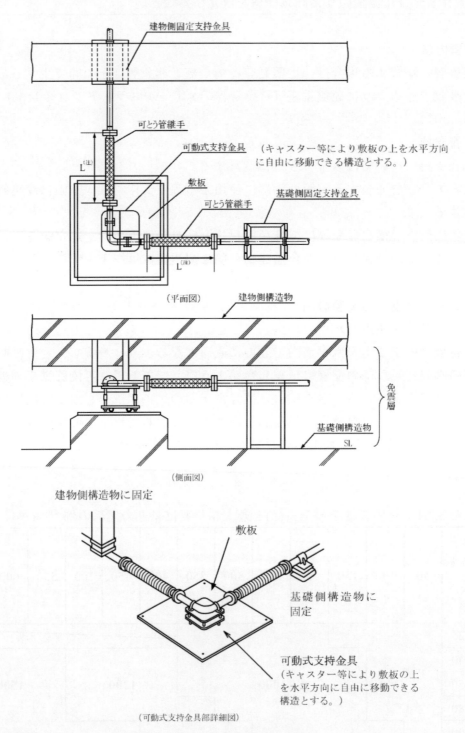

(注)可撓管継手の全長 L(自由長)は、表 5.2.1 を参照のこと。

図 5.2.1 ガス配管の免震継手(設置例)[4]

b) ボールスライドジョイントを使用した場合の例

　ボールスライドジョイントは、変位吸収時の応力が両端の配管に伝達しないように、できる限りその近傍両端で堅固に固定支持する。

　なお、ボールスライドジョイントの最大変位吸収量は、スライド継手部の許容伸縮量およびスライド継手の許容回転角度によって定まる。

　設置例を図 5.2.2 に、各ボールジョイントが吸収可能な相対変位量を表 5.2.3 に示す。

表 5.2.3　ボールスライドジョイントの全長(L)と許容変位量との関係の例[5]　（単位：mm）

呼径(A)/許容変位量	200	300	400	500	600	700	タイプ
32	1,171	1,471	1,771	2,071	2,371	2,671	Ⅱ型
50	1,231	1,531	1,831	2,131	2,431	2,731	Ⅱ型
80	1,407	1,707	2,007	2,307	2,607	2,907	Ⅱ型
100	1,721	—	—	—	—	3,221	Ⅰ型
150	2,002	—	—	—	—	3,502	Ⅰ型

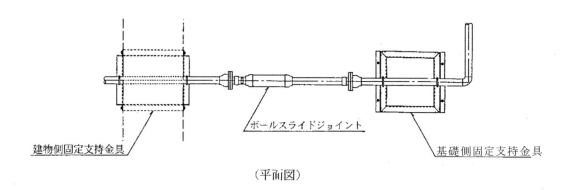

（平面図）

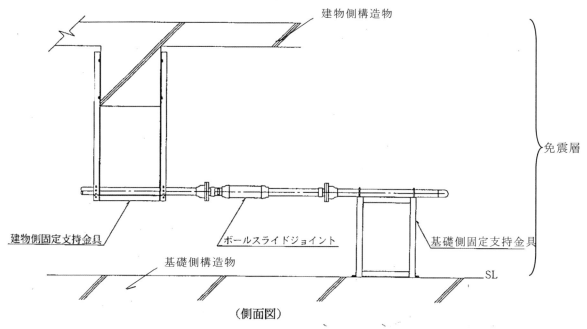

（側面図）

図 5.2.2　ボールスライドジョイントの設置例[4]

5.2.2　設計・施工上の留意点

> 　　免震層ならびに免震層内に設置する設備配管類に関して、関連法規による諸規定があるので、設計時ならびに施工時には充分に注意する必要がある。

1)　免震層の設備処置

　　免震層ではガスの滞留などを勘案し必要に応じ下記の点に配慮した計画とし、必ずガス事業者と協議のうえ必要な設備を施工する。

a)　換気口を設けること。

b)　漏洩を検知できる設備を設置すること。

c)　感震時はもちろんのこと、定期的な継手部の点検を行えるよう点検口を設けるなどの措置を講じること。

d)　高温の影響を受ける場所を避けること。

e)　二次災害防止のため、緊急ガス遮断装置などによりガスの供給を遮断できるようにすること。

2)　免震層設置のガス配管

　　免震層に設置されるガス配管で腐食が生ずる恐れがある場合は、ガス事業者と協議のうえ、「ガス工作物の技術上の基準を定める省令」(経済産業省)第 47 条(防食措置)に定める適切な防食措置を講ずる [6]。

3)　中間層免震の防火区画に伴う処置

　　中間層免震を防火区画とする必要がある場合は、国土交通大臣の認定および(一財)日本消防設備安全センターの評定を受けた方法によるなど、関係者と充分に協議のうえ施工する。

5.3　ダクト設備

5.3.1　排煙用ダクト

> 排煙用ダクトは防災上重要な設備であり、免震層を通過することのない計画が望ましい。

　排煙設備は免震層の上部と下部を別の排煙ファン系統として、分けて計画することが望ましい。

5.3.2　空調・換気用ダクト他

> 建築基準法に準拠した性能を有する継手を使用すること。

5.4　その他設備設計上の留意点

> 免震層における法的条件に合わせて配管材料の制限を受ける場合があるので、法的に問題のないことを確認したうえで材料を選定する。

1)　一般的な注意事項

　免震建物におけるその他の配管の耐震設計については、一般配管のそれに準じる。免震層には、強度計算にのらないような脆弱な配管の使用は避けることが望ましい。

　また、中間層免震の免震層を防火区画する必要がある場合は、配管・ダクト材料に制限を受けることがあるので注意を要する。

2)　消火配管および給水引込配管に関する注意事項

　免震層内に敷設する消火配管ならびに免震継手については、(財)日本消防設備安全センターの認定を取得した材料を使用し、所轄消防署の承諾を得る必要がある。

　免震層内に敷設する給水一次側に使用される免震継手については、(社)日本水道協会の認定を取得した材料を使用する。ただし、給水二次側はそれによらなくても良い。

3)　消耗品の交換に対する配慮

　配管ライン中の消耗品交換の際に最小限の断水時間および水抜きで実施可能とするために、免震継手など交換を要する消耗品の近傍数箇所に仕切り弁・水抜き弁を設けることが望ましい。

4)　免震層の設備その他

機械換気設備を設けることが望ましい。

容易に点検できるように床点検口・タラップなどを設けることが望ましい。

5) **免震層の避難および消火に関する設備**

　免震層がピット扱いと判断され点検などで人の出入りがある場合は、消防協議などにより照明(誘導灯ほか)や警報設備(自動火災報知設備ほか)など消火、避難その他の消防の活動のために必要とされる性能を有するように、政令で定める技術上の基準にしたがって設置し、および維持する可能性があることに留意する。

6) **免震層引き込み部に対する配慮**

　外構部や道路など外部のインフラから免震層への引き込み部は、地震動時には擁壁を境界として地盤変位量に免震変位量が加わることに注意を要する。

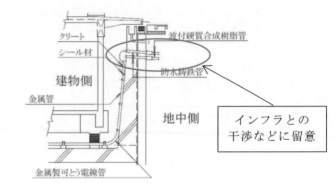

(a) 引き込み部(写真)　　　　(b) 引き込み部における留意点 [2]

図 5.4.1 免震層引き込み部例(引き込み配線)

【参考文献】

1) (一社)日本電設工業協会他、建築電気設備の耐震設計・施工マニュアル　改訂第 2 版、2016 年 2 月

2) (一社)公共建築協会、公共建築設備工事　電気設備工事標準図　平成 28 年版、2016 年 6 月

3) (一社)日本電気協会、免震建築物における特別高圧電線路の施設、2014 年 9 月

4) (一社)日本ガス協会、供給管・内管指針(設計編)、2017 年 9 月

5) 東京ガス(株)、ガス設備とその設計、2016 年

6) 経済産業省、ガス工作物技術基準の解釈例、2019 年

第6章　構造ヘルスモニタリング

6.1　構造ヘルスモニタリング

> 　大地震動時における建物の揺れや変形量などを迅速に把握して損傷状況を分析する構造ヘルスモニタリングが開発されており、大地震動後の建物の状態を推測するための手段の一つとしてシステムの導入が望ましい。

　大地震動の後、地震動で大きく揺れた建物が損傷を受けていないか、また、そのまま使い続けても問題ないか、建築構造に関する知識を持たない建物のユーザが判断を下すことはきわめて困難である。しかし、その判定をすることができる専門家の数は限られており、大規模災害が発生した際、専門家による調査を受けられるまで安全を確保したうえで安心して建物を利用することができない状況が発生する。そこで、センシングの技術を用いて建物の状態を推測し、建物の健全性の評価を自動的に行うのが構造ヘルスモニタリングである。近年、センサ技術の向上と低コスト化が進み、さらには IoT や AI など、センシングしたデータの取り扱いや解析に親和性の高い技術が一般化してきており、構造ヘルスモニタリングに応用するための研究・開発と実用化が進められている。

　構造ヘルスモニタリングは、官庁などの建物における災害対策拠点としての機能維持や、企業における BCM(Business Continuity Management：事業継続マネジメント)、帰宅困難者受け入れなどを目的とし、発災後すぐに建物の継続使用可否を判断したいというニーズに応えるための有効な手段として、今後普及が進んでいくものと思われる。近年では、内閣府の指針[1]や国土交通省のガイドライン[2]にも構造ヘルスモニタリングの有用性が示されている。

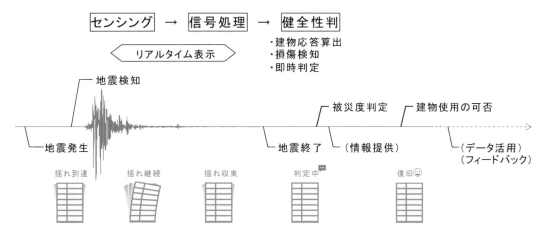

図 6.1.1　構造ヘルスモニタリングの概要

既に実用化されている構造ヘルスモニタリングとしては、たとえば加速度センサを用いた振動測定データをもとに大地震動後の建物の健全性を評価し、建物ユーザにその結果を提供するという形式のものがあり、センサメーカーやデベロッパー、設計事務所、ゼネコンなどが商品化している。近年、MEMS(Micro Electro Mechanical System：微小電気機械システム)技術を用いた加速度センサが自動車やスマートフォンをはじめとする様々な機器に搭載されるようになり、加速度センサの低コスト化が進んで入手が容易になったことも、構造ヘルスモニタリングの実用化に貢献している。

　加速度センサは、建物内の代表階(最下階と最上階および中間階)あるいは、全階に設置される。これらによって測定された加速度波形に基づき、コンピュータが建物の健全性評価を自動的に行い、建物ユーザに建物の状態の推測結果を提示する。健全性評価の手法や指標については、これまでにも様々な手法が提案されているが、より確かな判定を目指し、研究・開発が進められている。

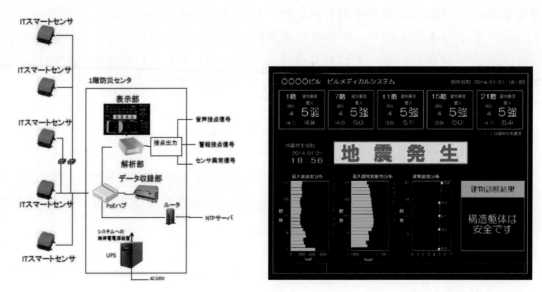

図 6.1.2　構造ヘルスモニタリングシステムの例 [3]　　　図 6.1.3　表示画面例 [3]

　免震構造は、震災時に損傷を受けることが許されない重要な建物に採用されることが多く、他の建物に比べ、構造ヘルスモニタリングを行う意義は大きい。構造ヘルスモニタリングシステムの導入により、大地震動後に建物の健全性を確認したうえで建物の利用を継続できることや、もし損傷を受けた場合にも、データに基づいて点検箇所に優先順位付けできることは、建物管理者の事業継続マネジメントやファシリティマネジメントにおいても有用性が発揮される。

　加速度センサに加え、変位計や定点カメラなどを免震層に設置することにより、免震部材の詳細なモニタリングも可能であり、免震部材の残存性能や応急点検の目安としても活用することができる。あわせて、免震構造の1次モードが卓越するという特性を利用し、センサ設置階を免震層上下などに限定することでシンプルかつ低コストのシステムも考えられる。

構造ヘルスモニタリングの趣旨とはややずれるが、免震建物であることから揺れの性状が分かりやすいため、物理的な履歴を残すことのできるけがき式変位計を併用することで、大地震動後の健全性についての建物所有者への説明や損傷評価の向上、構造設計者へのフィードバックにも繋がると考えられる。

　建物の管理者や利用者に、地震動後の建物健全性の情報を提供するにあたっては、ロビーなどに設置されている大型モニタなどのデジタルサイネージや住戸のインターホンなどの画面を切り替え、震度や建物健全性の評価結果を表示するなど、建物の管理者だけでなく利用者にも情報を提供し、活用することも考えられる。

　しかし、構造ヘルスモニタリングシステムの多くが建物の構造躯体の健全性のみを判断して情報提供する仕様となっていることには注意が必要である。建物内には多くの非構造部材や建築設備が組み込まれており、構造躯体に問題がなくともこれらの非構造部材などが被災している可能性は少なくない。天井の落下や什器の転倒による危険、建築設備の機能停止などにより、結果的に建物が使えない場合があることも認識しておかなければならない。たとえば超高層ビルの場合、窓の開閉ができないことが多く、空調が稼働できなければ、長期の滞在が困難となる[4]。このように、詳細な状況がわからないまま耐震的に安全な状態であることをただ知らせることは、パニックを生じさせる危険性もあるので、十分に留意する必要がある。

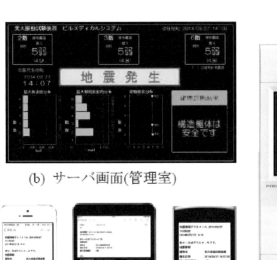

(b) サーバ画面(管理室)

(c) スマートフォンと携帯電話

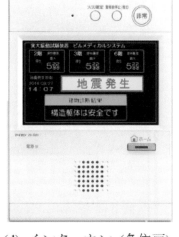

(d) インターホン (各住戸)

図 6.1.4　結果出力の表示例[5]

　さらに構造ヘルスモニタリングは、構造物の健全性の監視という観点から、トンネルや橋梁などのインフラ構造物の定期点検にも幅広く用いられ、社会インフラの老朽化に伴う維持管理費の上昇を抑制するための技術として、また、少子高齢化社会による点検業務の労働力不足に対応する技術としても期待されている。

6.2 建物のヘルスモニタリング

> BEMS や HEMS といった設備分野を含めた建物が持つ全ての機能をヘルスモニタリングする技術開発も進んでおり、構造ヘルスモニタリングシステムとの連動やファシリティマネジメントでの面でも、建物のヘルスモニタリングの導入が望ましい。

　センシング技術を用いた「モニタリング」は、建物の構造躯体の健全性を監視するだけでなく、幅広い分野で活用されている。電気の供給状態やエレベータの運行状態の監視などは、ほとんどの建物に導入されている。

　また、BEMS(Building Energy Management System)や HEMS(Home Energy Management System)のような、省エネルギーを目的とした設備機器のエネルギー利用最適化管理システムなどでも、室内環境とエネルギーの使用量を測定すると同時に、設備機器の稼働状態や累積運転時間などのデータを取得してモニタリングを行い、機器の維持管理・更新に活用している。

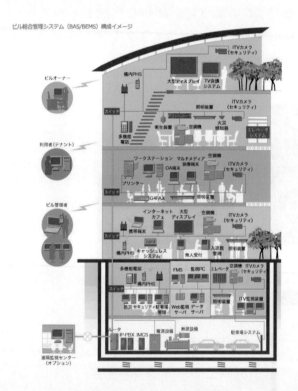

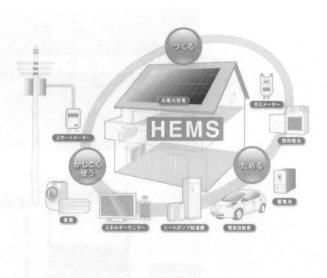

　　図 6.2.1　BEMS 概要 [6]　　　　　　　図 6.2.2　HEMS 導入イメージ図 [7]

免震建物におけるファシリティマネジメントの観点では、免震層は一般階の PS や DS などに比べ点検すべき範囲も広く、メンテナンスの際に容易に点検できる箇所ではないため、免震層をセンシング技術によってモニタリングすることは、雨水や排水などの浸入の有無の確認や配管などの点検・維持管理にも有用である。モニタリングの技術は、あらゆる分野での技術開発が進んでおり、これまでに示してきたものを除いても、ガス、水、防犯カメラ、火災感知、温度・湿度、風、高齢者の見守り、コンクリートのクラック感知など、様々なものを対象として監視することができるようになっている [8]。

　6.1 節に示したような、地震動後の建物健全性を評価することを目的とした構造ヘルスモニタリングシステムは、平常時には建物ユーザに対して情報提供を行う必要がないため、他のモニタリングシステムと連携し、平常時は設備の運転状態の情報提供をしつつ、震災時には構造ヘルスモニタリングシステムからの情報を提示するといった運用を行うことができれば、モニタリングに関する設備・資産を有効活用することができる。

　ヘルスモニタリング技術には、普及にあたり観測結果の所有性や公表性にかかわる課題があるが、BEMS などの設備技術との共存や IoT に関連する技術革新なども含め、今後の展開が期待される。今後、モニタリング技術は、車の点検ランプやカーナビゲーションシステムのように、建物という重要な資産を管理し、資産価値を維持するために、当たり前のように導入されるようになっていくものと考えられる。

【参考文献】

1) 内閣府、大規模地震発生直後における施設管理者等による建物の緊急点検に係る指針、2015 年

2) 国土交通省、防災拠点等となる建築物の機能継続に係る機能継続ガイドライン、2019 年

3) 保井美敏他、建物モニタリング診断システムの防災への適用、日本建築学会大会学術講演梗概集(近畿)、2014 年

4) 宮本裕司他、シンポジウム東日本大震災から 5 年-建築振動工学の到達点と残された課題-、日本建築学会 2016 年

5) 篠田正紀他、情報伝送系を活用した建物モニタリング診断システム、日本建築学会大会学術講演梗概集(近畿)、2014 年

6) NTT ファシリティーズ、ビル総合管理システム(BAS/BEMS)、
https://www.ntt-f.co.jp/service/fm/mon_basbems/

7) (一社)環境共創イニシアチブ、エネルギー管理システム導入促進事業費補助金(HEMS 導入事業)

8) 中村充他、第 6 回強震データの活用に関するシンポジウム(2018)将来の大地震に備えて、日本建築学会 2018 年

第7章　エレベーターの免震対応

7.1　免震建物とエレベーター設備の耐震性

> 　エレベーターは建物内の動線設備として重要であり、地震動後の被害軽減と早期復旧が求められる。
>
> 　免震建物においてはエレベーター昇降路部の変位追従性が必要となるが、その対応方法としては基礎免震についてはピット吊下方式、中間層免震については昇降路吊下方式と昇降路分割方式がある。

　免震建物におけるエレベーター昇降路部の変位追従性は、基礎免震では昇降路(ピット部分)の吊下げにて対応し、中間層免震では昇降路の吊下または変位に追従する構造の免震建物用エレベーターにより対応する。それぞれの構造の例を図 7.1.1 に示す。

　(一社)日本エレベーター協会出版の「昇降機耐震設計・施工指針 2016 年度版」(昇降機技術基準の解説に併載)では、一般の建物でのエレベーター設備の耐震設計の目標は、レベル 1 地震動相当の中地震動に対して、軽微な補修を除き地震動後も支障なく運転が続けられることとしている。

　一方、レベル 2 地震動後においては、地震動後のエレベーター乗客の安全確保はもとより早期復旧を主眼とした計画を行うことが望ましい。特に昇降路分割型エレベーター設計には特別な配慮が必要である。

　なお、参考として一般の建物における過去の大地震動時のエレベーターの被害例を以下に示す。

a)　建物の水平揺れに対する昇降路内のケーブル、ロープ類の長尺物の引っかかり被害
b)　建物の水平加速度に対する「つり合おもり」の脱レール被害
c)　建物の上下層間変位に対する昇降路出入口部の三方枠の変形、乗場戸の外れなどの被害

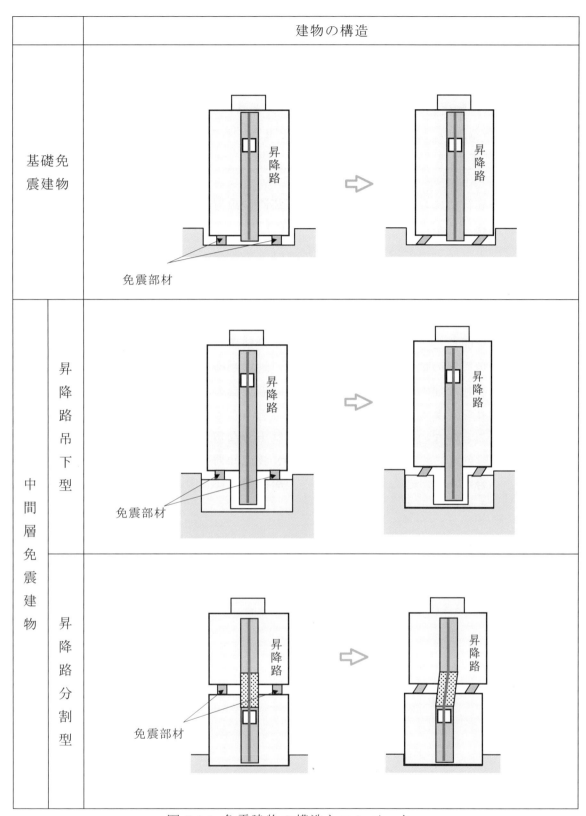

		建物の構造
基礎免震建物		
中間層免震建物	昇降路吊下型	
	昇降路分割型	

図 7.1.1 免震建物の構造とエレベーター

7.2 エレベーターの安全対策

> 免震建物に設置するエレベーターにおいても一般エレベーターに必要な戸開走行保護装置や地震時管制運転装置などの安全対策が必要である。
>
> 中間層免震建物においては、免震層部分のエキスパンションジョイントなどの納まりが複雑であるため、上記安全装置の作動を阻害することのない様、計画に当たっては十分に留意する。

　建築基準法施行令において、戸開走行保護装置の設置の義務付けと地震時管制運転装置の設置の義務付けがされている(2019.12 現在)。

　戸開走行保護装置はエレベーターの駆動装置や制御器に故障が生じ、かごおよび昇降路のすべての出入口の戸が閉じる前にかごが昇降したときなどに自動的にかごを制止する安全装置である。地震時管制運転装置は地震動などの加速度を感知して、自動的にかごを昇降路の出入口の戸の位置に停止させ、かつ、当該かごの出入口の戸および昇降路の出入口の戸を開くことができるようにする安全装置である。

　免震建物は免震層の地震力を低減するため、地震動時のエレベーター機能の維持については比較的有利な建物である。しかし、中間層免震の場合は免震層部分の変位機構やエキスパンションジョイントの納まりが複雑であるため、非常時に上記の安全装置の作動を阻害することのない様、計画に当たっては十分な留意が必要である。

　また、中間層免震においては水平動感知器(S 波感知器)、および変位感知器を免震層内に設置する場合がある。この場合は、建物の層間変位により装置ならびに配線に障害を与えないような計画とする。

7.3 基礎免震建物でのピットの納まり

> 基礎免震建物のエレベーターピットは免震層上部より吊下げ、地震動時の水平変形を吸収できるようにする。

　エレベーターの最下層停止階(免震層上部)からエレベーターピットスラブまでは、エレベーターの速度に応じたピット深さが必要で、ピットスラブ四周のコンクリート壁でピットスラブを吊下げ支持する方式(図 7.3.1 参照)が一般的である。

　エレベーターの緩衝器が作動したときの衝撃荷重が作用しても安全なように、ピットスラブと周囲の壁は十分な剛性と耐力が求められる。

　また吊下げピットと四周外側の構造体(壁・梁・柱)や設備などとの間には十分なクリアランスを設けることが必要である。

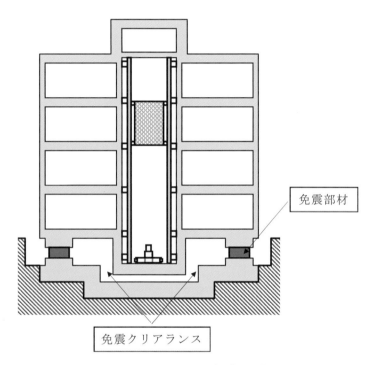

図 7.3.1　ピット吊下方式の納まり

7.4　中間層免震建物での昇降路内の納まり

> 中間層免震建物のエレベーターでは、昇降路吊下型の昇降路と区画壁とのクリアランス、および昇降路分割型のレール支持架構と昇降路壁とのクリアランスは、その壁に発生する相対変位かつエレベーター運行に支障のない大きさを確保すること。

　中間層免震建物でのエレベーター走行系に与える地震動時水平変形の吸収法としては、免震層上階から下部ピットを含む昇降路を吊下げる方式(昇降路吊下型　図 7.4.1 参照)と、免震層で昇降路を分割し、免震変位時に昇降路内のレールを強制変形させる方式(昇降路分割型　図 7.4.1 参照)の二通りに大別される。

　昇降路吊下型の下層部昇降路は一般に 1～2 階床程度の場合が多く、吊下部の昇降路とそれを取り囲む区画壁との間隔は免震クリアランスとなる。

　昇降路分割型は免震層の上下で分断された昇降路間を免震変位に追従して変形する架構(支持架構)で連結するもので、その間のレールや乗場戸は、この支持架構で支持される構造となっている。支持架構の外側に昇降路壁や乗降口があり、支持架構と昇降路壁の間には水平 2 方向の変形を吸収できるエキスパンションジョイントを設ける。

　また、変位が小さい場合などには、その支持架構をもたず、レールのみで対応するものもある。その際の乗場戸は、建物より支持されるものやレールより支持されるものがある。

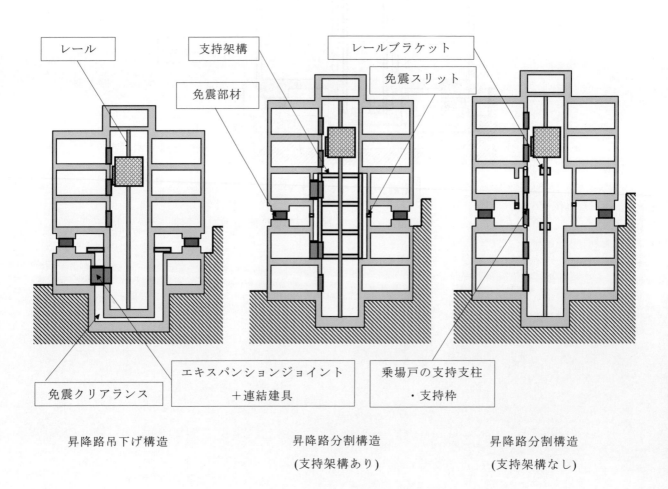

昇降路吊下げ構造　　　　　　　　　昇降路分割構造　　　　　　　　　昇降路分割構造
　　　　　　　　　　　　　　　　　(支持架構あり)　　　　　　　　　　(支持架構なし)

図 7.4.1　中間層免震建物内昇降路の納まり

付録　技術資料

付.1 免震継手

名　称	ゴム製継手 (高圧)	ゴム製継手 (低圧)	金属製継手	フッ素樹脂製継手
製品図				
用　途	給水、冷温水、温水 冷水、冷却水 その他	排水、汚水、雨水 その他	給水、消火、 油、蒸気、医療ガス、 その他	給湯、高温水、薬液 食品衛生、純水、 その他
材　質	EPDM (エチレンプロピレンヂエンゴム) CR (クロロプレンゴム)	EPDM (エチレンプロピレンヂエンゴム) CR (クロロプレンゴム)	ベローズ:SUS304、 SUS316、SUS316L ブレード:SUS304	ベローズ:フッ素樹脂製 ブレード:SUS304
圧　力	1.0MPa 以下	0.3MPa 以下 (ポンプアップ排水の 最高使用圧力を示す)	(10KF)1.0MPa 以下 (20KF)2.0MPa 以下	口径により 0.6〜1.0MPa 以下
温　度	70℃以下	70℃以下	150℃以下	100℃以下
口　径	20A〜300A	20A〜300A	20A〜300A	20A〜150A
製品寸法 (500mm 免震L字型)	口径により 700mm〜900mm	口径により 700mm〜900mm	口径により 1,100mm〜2,500mm	口径により 1,100mm〜1,600mm
システム	C・Hシステム(L字型) Vシステム（竪型)	C・Hシステム(L字型) Fシステム (竪及び水平1本)	C・Hシステム(L字型) Vシステム(竪型) Uシステム(U型)	C・Hシステム(L字型) Vシステム(竪型)
備　考	給水：日水協型式登録品		消防法第199号認定品 (加圧送水) 消防法第20号評定品 (油) および準拠品 給水：日水協型式登録品	
連絡先	株式会社 TOZEN URL：https://www.tozen.co.jp/ 本社/ 　東日本事業所　埼玉県吉川市旭 8-4　　　　　TEL:050-3538-2091　FAX:050-3538-2094 　仙台出張所　　宮城県仙台市若林区荒井 8-10-1　TEL:022-288-2701　FAX:022-288-2703 　西日本事業所　大阪府大阪市西区北堀江 1-5-14　TEL:06-6578-0310　FAX:06-6578-0312			TOZEN A joint reliance

名　称	ゴム製継手（高圧）	ゴム製継手（低圧）	金属製継手	ボールジョイント
製品図				
用　途	給水、冷温水、冷却水、冷水、温水、その他	汚水、排水、通気、その他	給水、給湯、消火、油、蒸気、その他	消火、油、冷温水、給水、その他
材　質	EPDM(エチレンプロピレンゴム)　IR/SBR(イソプレンゴム・スチレンブタジエンゴム)	IR/SBR(イソプレンゴム・スチレンブタジエンゴム)	ベローズ：SUS304　　　　SUS316L ブレード：SUS304	主要材料：CAC406　SUS304 FCD450
圧　力	0.98MPa	0.29MPa（ポンプアップ排水時）	(10KF)0.98Mpa (20KF)1.96MPa	(10KF)1.0Mpa (16KF)1.6Mpa (20KF)2.0MPa
温　度	70℃以下 40℃以下（給水用）	70℃以下	300℃以下	60℃以下
口　径	20A〜300A	50A〜400A	20A〜300A	25A〜450A
製品寸法（500mm 免震L字型）	口径により 900mm〜1200mm	口径により 900mm〜1200mm	口径により 1100mm〜2400mm	口径により 1180mm〜2350mm（竪型）
システム	H・P・Cシステム（L字型） MF-Vシステム（竪型）	H・P・Cシステム（L字型） MF-Vシステム（竪型） MF-Sシステム（横水平）	H・P・Cシステム（L字型） MF-Vシステム（竪型） MF-Sシステム（U字）	MB-MKシステム（竪型） MB-HYシステム（横水平）
備　考	給水：厚生省令第14号適合		給水：日本水道協会認定品 消火：消防予第199号認定品 油：消防危第20号準拠品	日本消防設備安全センターの個別評定品(消火) 危険物保安技術協会の個別評定品(油) 製造元／株式会社 水研

連絡先

倉敷化工株式会社 産業機器事業部
http://www.kuraka.co.jp/sanki/

本　社	TEL（086）465−1715（代）	東京支店	TEL（03）5442−8211（代）
大阪支店	TEL（06）6445−2411（代）	名古屋営業所	TEL（052）202−3060（代）
中・四国営業所	TEL（082）506−2707（代）	岡山出張所	TEL（086）465−1718（代）
福岡営業所	TEL（092）472−7273（代）	仙台営業所	TEL（022）297−0821（代）

付.2　設備設計とディテール

キャスター支持タイプ	給排水管（５００mm免震用）

配管に変形追従性をもたせる

構造のしくみ

床置きタイプと天吊りタイプがあ
り、ステージとコントローラで変
位を吸収。

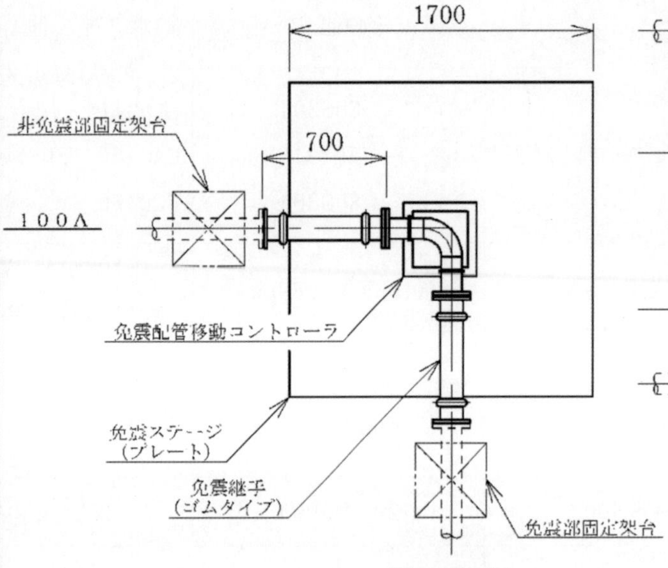

非免震部固定架台

１００Ａ

免震配管移動コントローラ

免震ステージ
（プレート）

免震継手
（ゴムタイプ）

免震部固定架台

1700

700

平面図例

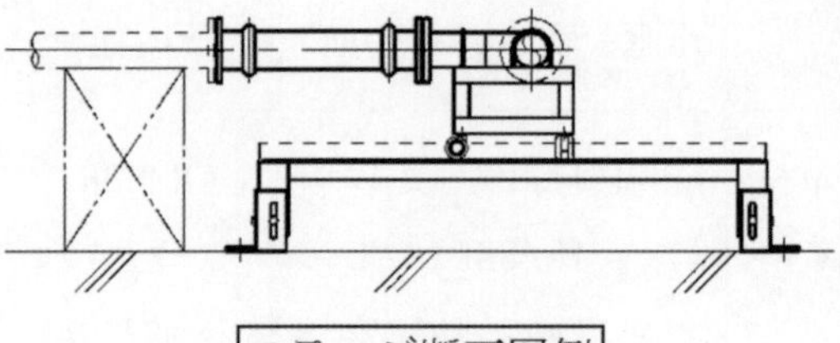

ステージ断面図例

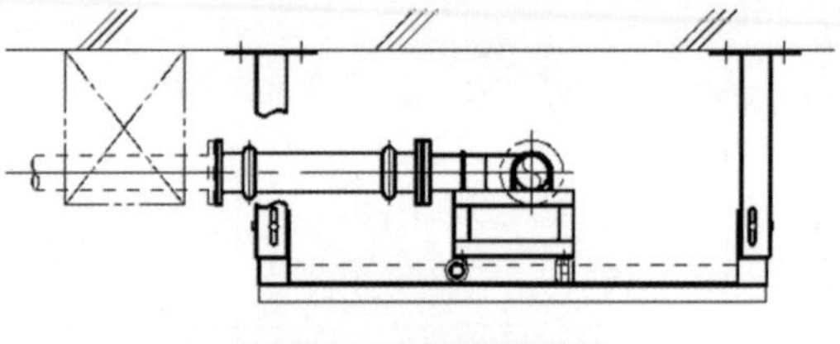

天吊り断面図例

※　プレート無しの場合、床スラブ面に凹凸が無く、
　　不陸状態でないことを条件とし、且つ、床スラブ
　　面に免震ステージ分の範囲をペイントし、作動範
　　囲を確保すること。

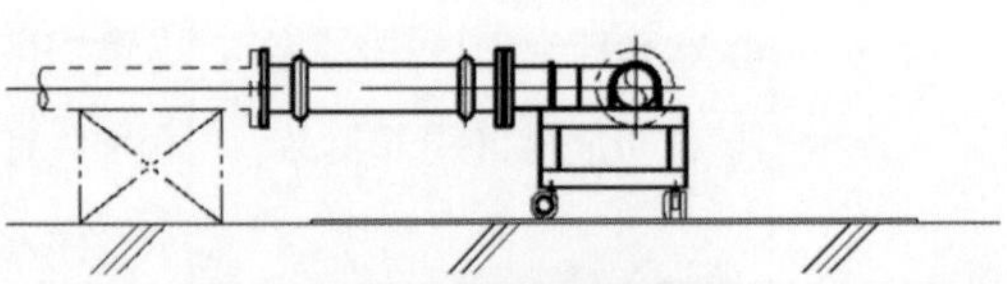

プレート断面図例

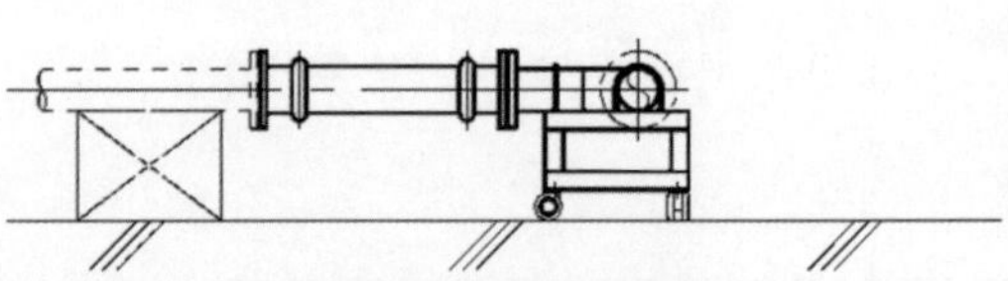

プレート無し図例

①排水などの自然勾配を考慮する場合や、配管と継手の取り合いでレベル調整が必要な場合には免震ステージを用いる。
②免震ステージは、現場の状況により非免震部に設置する場合と免震部から吊る場合がある。

ばね吊りタイプ	給排水管（５００mm免震用）

吊り支持の配管

構造のしくみ

継手およびエルボ部分の荷重を天井より吊り支持。
配管のねじれを防ぎ水平移動をサポートするため、吊り支持には伸張材（コントロールサスペンション）を用いる。

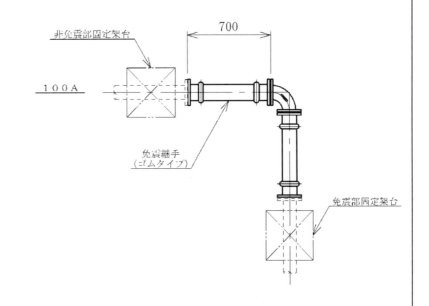

配管レベルが天井附近の場合の支持方法	天井下スペースが広い場合の支持方法

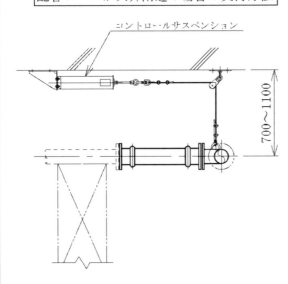

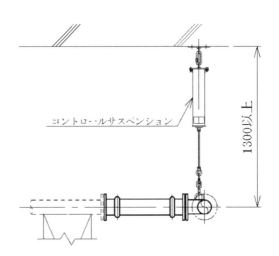

①複数配管を支持する場合、共通支持架台を用いて支持する事が可能。
②天井からの配管レベルによってコントロールサスペンションの取付け方法が異なる。

竪型タイプ	給排水管（５００ｍｍ免震用）

竪管で変形追従

構造のしくみ

柔軟性、可撓性にすぐれた継手を
縦一本で使用し、配管に生じる変
位を吸収。

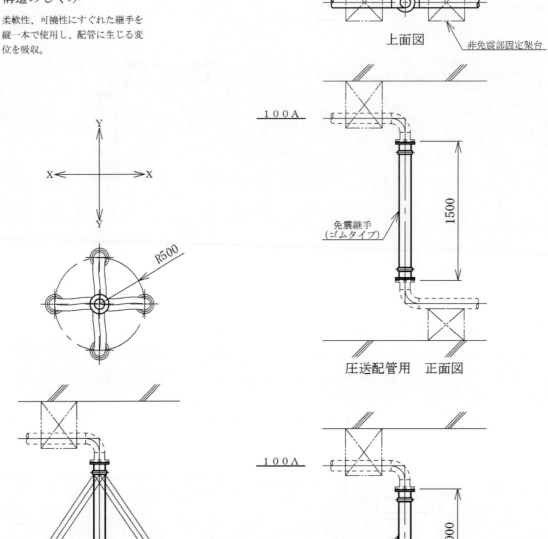

作動予想図
※免震部を固定とした場合

上面図

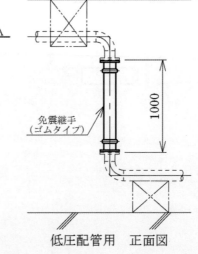

圧送配管用　正面図

低圧配管用　正面図

①適応配管：給水（圧力配管）、排水、雨水など。
②無理なく変位を吸収し、継手首元にかかる負担を軽減するために、継手長さの検討が必要である。
③低圧配管用については、縦型取付け以外に斜め取付けタイプも検討可能。

水平一本タイプ	排水管（５００mm免震用）

水平一本で変形追従

構造のしくみ

柔軟性、可撓性にすぐれた継手を
水平一本で使用し、配管に生じる
変位を吸収。

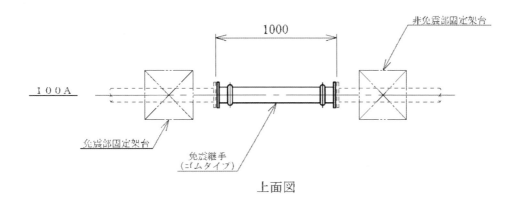

上面図

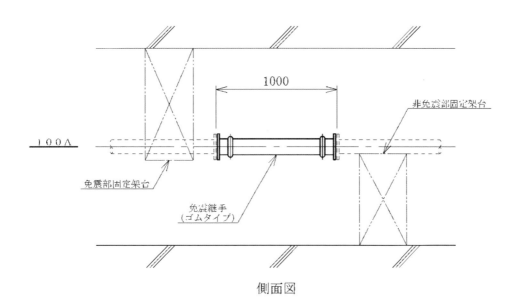

側面図

①適応配管：排水、雨水など圧力がかからない配管。
②無理なく変位を吸収し、継手首元にかかる負担を軽減するために、継手長さの検討が必要である。
③水平取付け以外に、竪型及び斜め取付けタイプも検討可能。

U型タイプ	消火管（５００mm免震用）

継手をU型に設置し変形追従

構造のしくみ

可撓性にすぐれるが伸縮性は少な
い継手をU型で使用し、配管に生
じる変位を吸収。

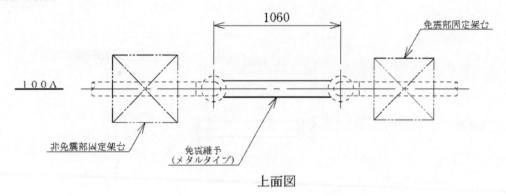

1060

免震部固定架台

100A

非免震部固定架台

免震継手
（メタルタイプ）

上面図

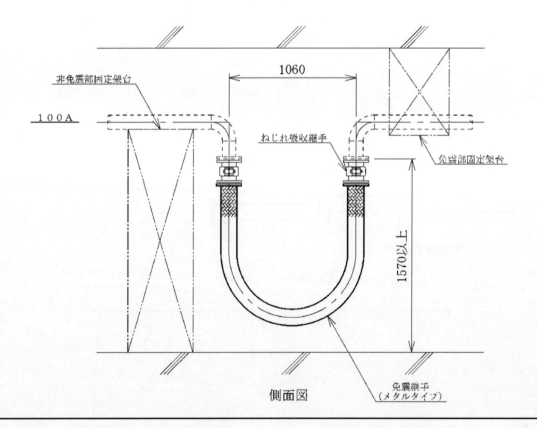

非免震部固定架台

100A

1060

ねじれ吸収継手

免震部固定架台

1570以上

免震継手
（メタルタイプ）

側面図

①適応配管：給水(圧力配管)、消火、油など。
②縦型取付け以外に、水平取付けタイプも検討可能。

付.3 構造ヘルスモニタリング

q-NAVIGATOR®	構造ヘルスモニタリング

概要：

　大地震発生直後に、建物に設置した加速度センサーで地震後の建物の安全性を速やかに分析し、避難要否判断、建物の被災度の状況把握および継続使用判断についての建物管理者様の応急対応を支援します。

　建築構造体の判定は、応急危険度判定と同じ「安全」「要注意」「危険」の三段階で分かりやすく、さらに、震度、最大加速度、スペクトルや伝達関数、免震構造では免震層の変形など必要に応じて様々な情報も表示します。分析情報はクラウドサーバに自動的に集められ、保守や顧客様への情報提供に活用しています。

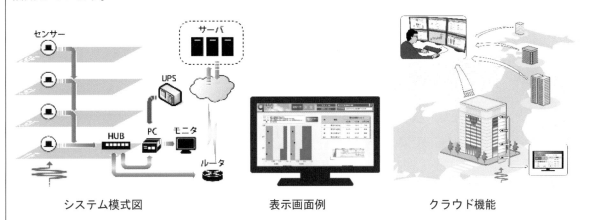

システム模式図	表示画面例	クラウド機能

特徴：

- コストパーフォーマンスを考えて建物特性を考慮した適正な位置に必要数のセンサー設置。センサーは標準4台（最大12台）
- 構造計算書や耐震診断書に基づいて建物の方向や階数ごとに判定基準を設定
- 建物内のハブとセンサー間はLAN配線で接続、PoEで電源と信号の両方に利用
- クラウドサーバと携帯電話の回線で繋ぎ、稼働状況を常時監視。地震時にシステムが停止していることのないように運用
- 顧客はどこにいてもモバイル端末で各建物表示画面をクラウドサービスで確認可能
- 繰り返し地震評価機能を追加すれば、もう一度大きな地震が来た場合の推定判定可能
- パトライトやメールなど判定結果の様々な出力オプションを用意
- 国内全国約400棟の設置実績

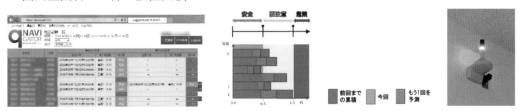

クラウドサービス画面	繰り返し地震判定画面	パトライト三色灯判定表示

連絡先： 株式会社 小堀鐸二研究所

　　　　〒107-8502　東京都港区赤坂 6-5-30

　　　　TEL：03-5561-2421FAX：03-5561-2431

　　　　E-mail：info@kobori-takken.co.jp

　　　　URL：http://www.kobori-takken.co.jp/index.html

概要：

・地震直後に複数建物の構造健全性を評価し、一括把握できるモニタリングシステム
・情報はクラウドで一括管理され、モバイル端末等で閲覧

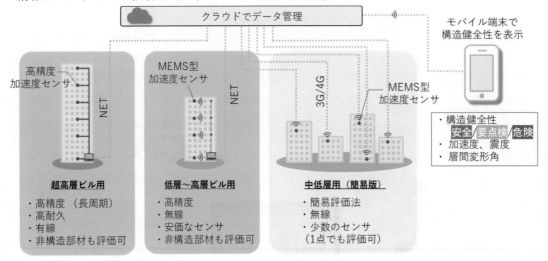

特徴：

・計測データから各階の層間変形角を推定し、構造健全性を評価
・複数建物の状況を一括把握し、初期対応の優先順位を判断可能
・クラウド上にデータを蓄積。長期にわたり被災履歴を把握可能
・建物用途・規模に対応できる複数のラインナップ

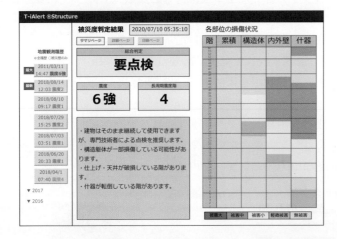

超高層ビル用表示画面

モバイル端末表示画面

参考 URL：https://www.taisei.co.jp/about_us/wn/2017/171129_3421.html

https://www.taisei.co.jp/about_us/wn/2019/190527_4634.html

連絡先： 大成建設株式会社　ソリューション営業本部ライフサイクルケア推進部

〒163-0606　東京都新宿区西新宿 1-25-1 新宿センタービル

TEL：03-5381-5070FAX：03-5381-5549

URL：https://www.taisei.co.jp

概要：

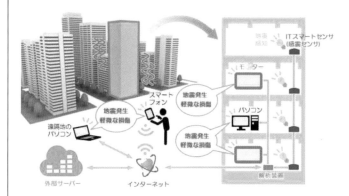

IT スマートセンサが地震の揺れを感知し、解析装置がデータを分析、即時健全性判定を行い、診断結果を配信することで、落ち着いて初動対応することが可能になります。システム内の通信は全て LAN を介して行っており、パソコンやその他情報機器との連携が容易です。

　最新の IT 技術、MEMS 技術を駆使して、従来の地震観測システムに比べ、大幅な省スペース化と当社比 60-70%の低価格化を実現しています。解析装置には専用機がありますが一般的な Windows パソコンで代用することも可能です。

特徴：

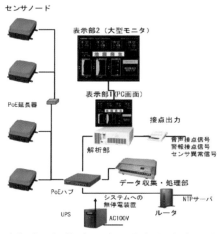
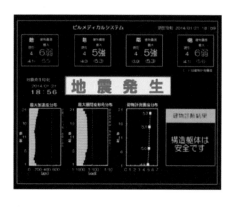

　従来、震災時の損傷度判定は応急危険度判定士の資格を持った専門家による調査が必要でしたが、当システムの導入により、その調査を待たずとも直ちに建物を継続して使用することが可能かどうかを判断することができます。

　地震動の大きさや建物の揺れの大きさ設定は、建物構造や非構造部材（天井や内装材など）の適用内容に合わせて変更が可能です。観測した建物の揺れの大きさおよび建物に作用する地震動の大きさに基づいて、簡易診断サーバが即座に建物の損傷度を自動的に判定します。判定の結果はリアルタイムでモニタ等へ出力されます。

参考 URL：https://www.toda.co.jp/tech/earthquake/earthquake_12.html

連絡先： 戸田建設株式会社　お客様センター

　　　〒104-8388　東京都中央区京橋 1-7-1

　　　TEL：0120-805-106

　　　URL：https://www.toda.co.jp/

ユレかんち	建物モニタリングシステム

概要：

写真 ユレかんちセンサ

戸田建設オリジナルの「ユレかんちセンサ」を利用し、地震時の建物の揺れを測定し、建物の健全性を判定するシステムです。

「ユレかんちセンサ」は地震時建物の動きを加速度データとして感知し、それをインタネット回線でクラウドサーバーに送り、サーバー内で建物震度として計算し、過去の被災度データとの比較で建物の安全性を判定します。

ユーザーは PC やスマートフォンを用いて、その情報を取得することが出来ます。

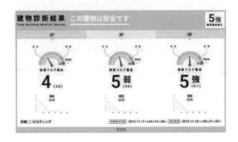

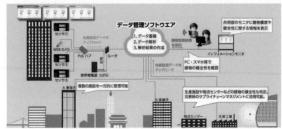

特徴：

1. わかりやすい

   建物の診断結果をわかりやすく即時に表示します。難しい専門用語や数値は一切用いず、被害の度合いを色で表します。

2. いつでもどこでも

   PC やスマートフォンとの連携が容易に可能。いつでも、どこでも、だれでも建物の置かれた状態がわかります。

3. 複数拠点・一括管理

   複数の拠点の状況も一括で管理可能です。災害時のサプライチェーンマネジメントの早期検討に役立ちます。

個別物件情報画面
健全性を3段階にて表示（カスタマイズ可能）

参考 URL：https://www.toda.co.jp/tech/earthquake/earthquake_13.html

連絡先：　戸田建設株式会社　お客様センター

　　　　　〒104-8388　東京都中央区京橋 1-7-1

　　　　　TEL：0120-805-106

　　　　　URL：https://www.toda.co.jp/

GRAPHISOFT®
ARCHICAD

概要：

BIM であなたの仕事を変える

　ARCHICAD は、30 年以上の間、BIM としての機能性、使いやすさ、導入のしやすさを考えて開発されているソフトウェアです。建築業界における設計、施工のさまざまな段階で業務を効率化し、プロセスを円滑化します。設計者はよりデザインに集中できる環境が与えられ、施工現場では生産性の向上をサポートします。

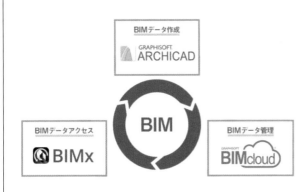

ARCHICAD
　デザインのための自由な創造性と BIM の効率性を兼ね揃えた BIM データ作成ツール

BIMcloud
　リアルタイムでの共同作業とプロジェクトの管理を可能にする BIM データ管理ツール

BIMx
　究極の BIM プレゼンテーションと BIM 情報の活用を可能にする BIM データアクセスツール

特徴：

設計事務所のビジネスにインパクトを

　BIM は規模の大小を問わず、設計事務所のビジネスに大きな変革をもたらします。魅力的なプレゼンでの案件の獲得から、生産性の向上による働き方改革、自由で創造性にあふれる高品質な設計を実現します。

短期間で提案を作成、魅力的なプレゼンテーションで案件を獲得

　プレゼンまでに時間がない場合も BIM であれば複数の提案を短期間で用意できます。美しく高品質なパースも作成でき、スマートフォン、タブレットで利用できるアプリ「BIMx」を使えば施主に建物を自由に見てもらうことができます。そこで出た要望も ARCHICAD なら即座に変更して再提案することも容易。スピーディな提案で案件の獲得率を向上します。

チームワーク機能で複数人が同時に一つの物件を作業

　ARCHICAD ではチームで一つの物件を、リアルタイムかつ同時に作業できます。変更点は常に編集中のモデルに反映でき、作業の高速化、効率化により生産性が向上します。また、BIMcloud を使用すれば社外との協力も可能になり、場所や時間という制限を超えて多様な働き方も実現できます。

無駄なく生産性の高い現場を実現

　BIM を活用することで、施工段階においても生産性や安全性の向上などさまざまなメリットを得ることができます。施工 BIM に最適化されたワークフローで、生産性の高い現場の実現をサポートします。

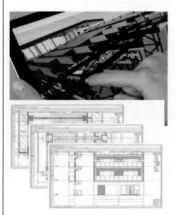

取り合いや納まりなどを確認

　図面での確認だとわかりづらい納まりや取り合いが、3D のモデルであれば、実際に建物の該当箇所を確認するかのように見える化してチェックできます。後の工程での問題を早い段階で発見し、修正することで時間と労力の削減につながります。

モデルからの施工図作成で常に整合性のとれた図面を

　BIM ではモデルを修正すれば、すべての図面の整合性が保たれ、平面図、断面図などでそれぞれを修正する必要もないため、時間と労力の削減ができます。「増し打ち」などの日本ならではの概念にも対応しており、「詳細寸法自動作成ツール」を使用すれば、作図時間が大幅に短縮されます。

究極の BIM プレゼンテーションアプリケーション BIMx

　革新的なウォークスルーアプリとして無料で提供され、世界中で愛用されている BIMx。その中の「BIMx PRO」は、3D モデルと 2D 図面を含む完全な BIM プロジェクトにアクセスすることが可能になり、高度な「Hyper-model」の技術によって、より直感的かつスムーズで、高速のナビゲーションが実現された。

　デザインコミュニケーション/プレゼンテーションの枠を超えて、BIM モデルと 2D 図面の製本をモバイル端末に入れるというアイディアから生まれ、感覚的な操作で 3D モデルを自由にウォークスルーし、必要な図面にいつでもアクセスすることが可能になる。

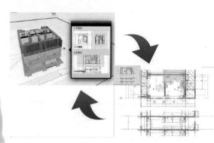

連絡先：グラフィソフトジャパン株式会社

　　〒107-0052　東京都港区赤坂 3-2-12　赤坂ノアビル　4 階

　　TEL：03-5545-3800　　　　FAX：03-5545-3804

　　URL：https:// www.graphisoft.co.jp

概要：

　Revit は BIM のためのソフトウェアです。その強力なツールにより、モデルベースのインテリジェント プロセスを使用して建物やインフラの計画、設計、構築、管理を行うことができます。Revit は、設計コラボレーションに適した多分野共同設計プロセスをサポートしています。

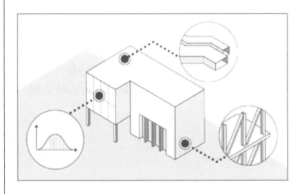

設計

建物のコンポーネントをモデリングし、システムと構造を解析およびシミュレーションし、設計を反復利用することができます。Revit モデルからドキュメントを作成できます。

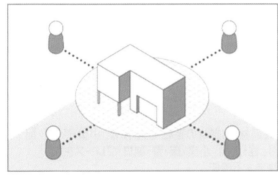

コラボレーション

プロジェクトに関わる複数の作業者が同一のモデルを共有して利用することができます。これにより、コーディネーションが容易になり、干渉や作業のやり直しを減らすことができます。

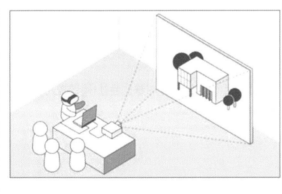

ビジュアライズ

モデルを使ってインパクトのある3Dビジュアライゼーションを作成することで、プロジェクトのオーナーやチーム メンバーに設計の意図をより効率的に伝えることができます。

特徴：

構造設計者向けに作成されたツール

　他の建築コンポーネントと連携するインテリジェントな構造モデルを作成するための構造設計専用ツールが使用できます。また、建物が建築規制や安全基準に準拠しているかどうかも評価できます。

日本の構造設計者向けの様々な拡張機能 (https://apps.autodesk.com/ja)

　日本の構造設計ワークフローに合わせた様々な拡張機能を用意しています。

Japan Standards Extension RST

[伏図自動修正]、[特記外設定]、2種類のアイコンが[REXJ]タブ内にインストールされる。伏図自動修正は、平面図ビューで表示されている大梁、小梁、水平ブレース、スラブ、柱、壁、鉛直ブレースのうち、対象レベル以外の要素を非表示にする機能。特記外設定は、部材のタグに表示される内容によって、該当するタグを非表示にする機能

S断面リスト作成

プロジェクト内にロードされている構造柱、構造フレームのうち、パラメータの条件を満たした鉄骨柱、CFT（コンクリート充填鋼管）柱、鉄骨梁、鉄骨片持梁の断面リストを線分と文字を使用して構造平面図ビューに作成

RC断面リスト作成

プロジェクト内にロードされている構造柱、構造フレームのうち、パラメータの条件を満たしたコンクリート構造柱、コンクリート大梁、コンクリート小梁の断面リストを線分や文字を使用して構造平面図ビューに作成

SS3 Link

SS3入力CSVデータの建物形状データ、柱部材・梁部材の定義・配置情報、小梁・床・壁・開口・ブレースの定義・配置情報を読み取り、柱・大梁、小梁・床・壁・開口・ブレースをAutodesk® Revit® の構造モデルとして生成する機能

ST-Bridge Link

ST-Bridgeファイルのインポートとエクスポートが行える。旭化成建材株式会社・岡部株式会社、株式会社センクシア社の柱脚部品合計430点を収録

連絡先：オートデスク株式会社

　〒104-6025　東京都中央区晴海 1-8-10　晴海トリトンスクエア X 24 階

　ご購入に関するお問い合わせ

　フリーダイヤル　0800-080-4245

　（営業時間　9:00-17:30　※土日祝日を除く）

　https://www.autodesk.co.jp/revit

CADWe'll Tfas 11

概要：

■　直観的で分かりやすい操作性、高精度のデータ互換性を備え、設計者の意図が伝わる表現力の高い図面作成機能を提供する。

■　64ビット化、マルチコア対応による大規模物件、大容量図面の高速処理を実現し、BIMでの業務効率化をサポートする。

■　2D図面の編集内容のリアルタイム3D反映、断面・3Dでの階高立上げ表示を可能とし、部材や機器との干渉検査や複雑な取り回しなど顧客との合意形成のシーンでパフォーマンスを発揮する。

特徴：

■　設備図面の作成に特化した専用機能で作図スピードをアップ、図面作成時間の削減を図れる。

（平面）

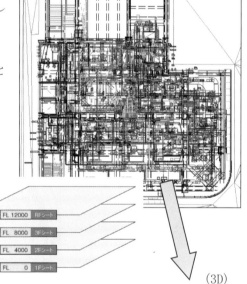

■　30年間のCAD開発で培われたノウハウを活かした専用機能により詳細な図面の作り込みが可能。

■　「シート」機能により従来の操作性を損なうことなく複数フロアのBIMモデルを管理できる。

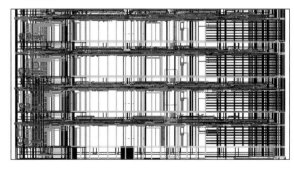

FL 12000　RFシート
FL　8000　3Fシート
FL　4000　2Fシート
FL　　0　1Fシート

（3D）

（断面）

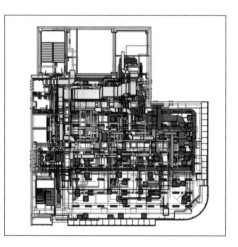

■ 　静圧計算・揚程計算機能を実装し計算結果を出力できる。また、指定区間の風量、流量から最適なサイズを自動決定し、そのサイズを図面上のダクト・配管に反映できる。

■ 　複数の電気設備図面から盤、回路、負荷容量の情報を収集し分電盤データを作成できる。

（分電盤データ）

（静圧計算）

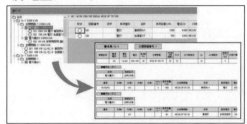

■ 　他社ソフトウェアと直接連携や IFC 形式のファイルの活用で高い精度のデータ連携を行う。

■ 　(一社)buildingSMART Japan 策定の「設備 IFC 利用標準 Ver.1.3」に準拠。
　　※2017 年度 IFC 検定(設備入力／出力、鉄骨入力)合格

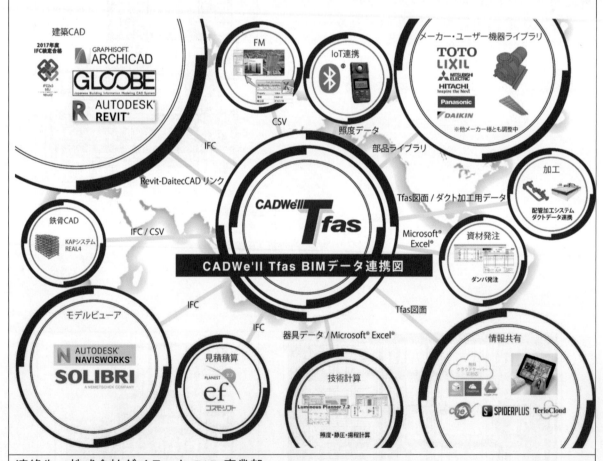

CADWe'll Tfas BIMデータ連携図

連絡先：株式会社ダイテック CAD 事業部

〒140-0013　東京都品川区南大森六丁目 16 番 19 号　（大森 MH ビル）

TEL：03-5762-3511　　　FAX：03-5762-3515

URL：https:// www.daitec.jp/

建築設備CAD「 Rebro® (レブロ)」

概要：

　レブロは、最新の操作性を取り入れ、誰もが直感的に作図できる建築設備専用CADです。リボンインターフェイスの採用やダイレクトな編集を可能にするハンドル機能を始め、必要なコマンドだけを絞り込んで表示・起動できるコンテキスト(右クリック)メニュー、プロパティパネルから編集できる手軽さなど、軽快な操作・編集でモデルデータを取り扱えます。従来の設備CADと比較しても、CADの習得が短期間で容易に可能な点も特長です。

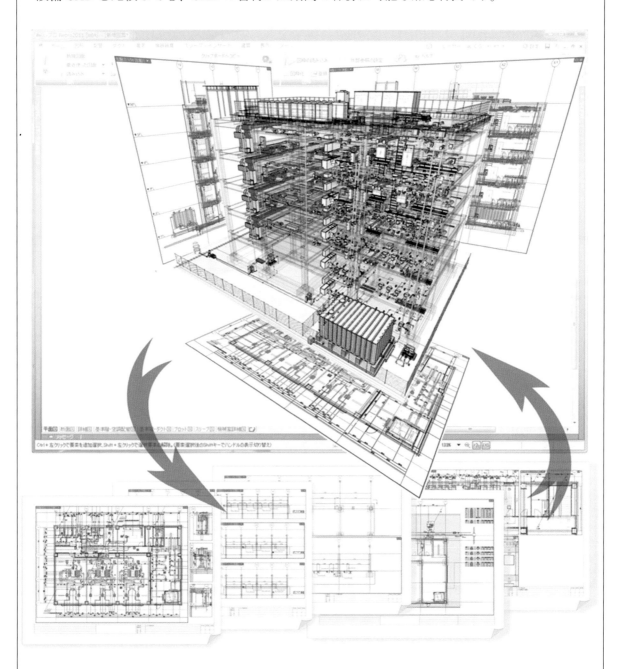

特徴：

　レブロでは、一つのモデルデータから平面図、断面図のほか、空調図面や衛生図面、断面詳細図、スリーブ図など、用途に応じて自由に切り出して生成できます。各図面データは、CGを含めて常に連動するため、一つの図面に変更を加えると、瞬時に他の図面にも修正が反映され、常に図面の整合性を確保しながらの作図が可能です。

レブロの BIM モデルと Excel の帳票を相互に連携することにより、機器表や器具表、電気負荷集計表、分電盤表、機器管理台帳、発注書などといった設備に関連する各種帳票の作成業務を支援します。また、BIM モデルから帳票を出力するだけではなく、機器表や機器管理台帳など、Excel で編集したデータをレブロに取り込むことで BIM モデルの情報を更新することができきます。このデータリンクコマンドでは、セル指定機能により、フォーマットを限定することなく、自由な形式の Excel フォーマットが利用可能です。

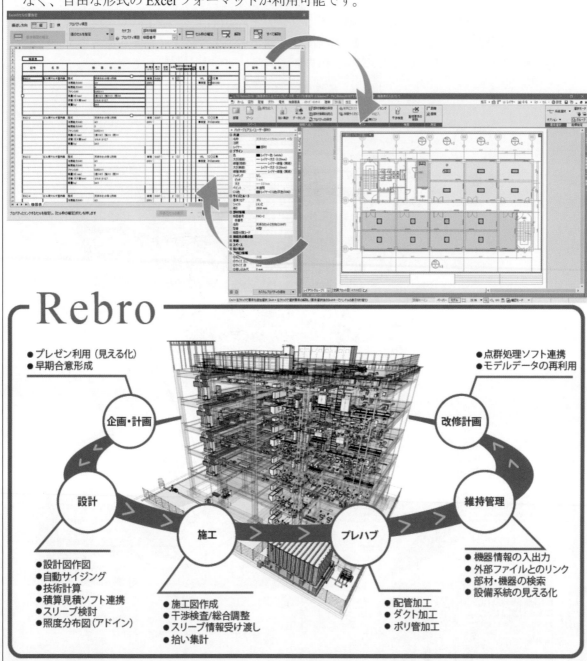

連絡先：株式会社 NYK システムズ

　東京事務所

　　〒101-0024　東京都千代田区神田和泉町 1-13-1 水戸部ビル 6F

　　　　TEL：03-5833-7172　　　　FAX：03-5833-7173

　大阪事務所

　　〒530-0041　大阪府大阪市北区天神橋 1-19-8 MF　南森町 3　ビル 5 階

　　　　TEL：06-6881-5052　　　　FAX：06-6881-5063

　　　　URL：http://nyk-systems.co.jp/

概要：

■　「コンストラクタブル」な BIM モデルを作成する「Tekla Structures」は鋼構造や RC 構造などのあらゆる構造形式に対応し、世界最高水準の 3 次元モデリングと詳細設計の機能を搭載する先進的な構造詳細設計向け BIM ソフトウェアです。

　　*コンストラクタブル BIM モデルとは、正確で信頼性の高い詳細な情報を有し、エラーのない製作と建設を成功に導く BIM モデルです。

■　材質・構造形式に依存せず、基本設計から構造解析、詳細設計、製作、建設、プロジェクト管理に至るすべての構造情報をモデルに蓄積し、管理することができます。

■　モデルから図面・帳票・NC データを自動生成することで、設計変更への迅速で柔軟な対応や、図面の不整合の解消が可能となり、設計効率を大幅に向上させます。

■　世界 100 カ国での導入実績があり、様々な構造形式の BIM プロジェクトにおいて、納期短縮やコスト削減など大きな導入効果を達成しています。

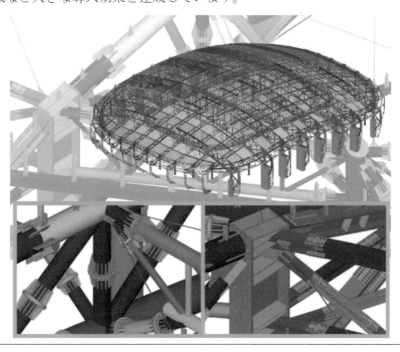

機能概要：

(1) 対象構造物：鉄骨・コンクリート等による一般ビル構造、プラント架構

(2) 主な機能：3 次元モデリング、継手・ディテールの自動生成機能、自動ナンバリング、
NC データ出力、干渉チェック、マルチユーザー、構造解析ソフトとのリンク、
工程計画・進捗管理

(3) 図面帳票：伏図、軸組図、製品図、パイプ展開図、立体図、材料リスト、製品リスト、
製品パーツリスト等(自動生成、一括管理)

免震装置を BIM モデル化し、設計の自動化を促進

2017 年 6 月、株式会社安井建築設計事務所及び
株式会社ブリヂストンと共同で、Tekla Structures
の BIM モデルとして利用できる免震装置のコン
ポーネントを開発しました。コンポーネントは、
Tekla Structures のパーツとして利用可能な BIM モ
デルの作成を自動化する機能であり、サイズや形
状、数量などのパラメータの入力を行うことで
BIM データの効率的な作成、変更を可能にしま
す。このコンポーネントにより、免振装置情報を
BIM モデルに瞬時に取り込み、確認申請図の図表
作成も自動化されるため、設計変更時の作業効率
と正確性が向上します。

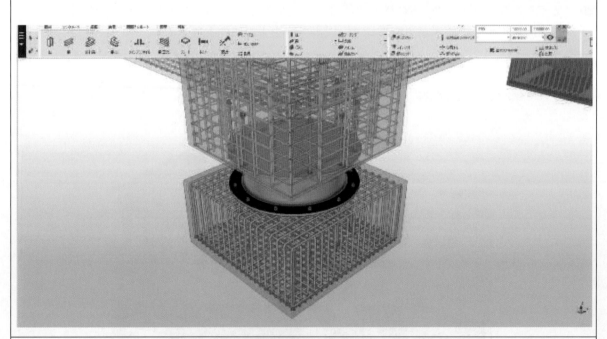

連絡先：株式会社トリンブル・ソリューションズ

〒140-0001　東京都品川区北品川 1-1-11 第三小池ビル 5F

TEL：03-5769-3351　　　　FAX：03-5769-3353

URL：https://www.tekla.com/jp

「免震建物の建築・設備標準－2001－」作成担当

「免震建物の建築・設備標準－2009－」作成担当

技術委員会「免震建物の建築・設備標準」作成 WG

主査

森高　英夫　　　　　株式会社安井建築設計事務所

幹事

可児　長英　　　　　社団法人日本免震構造協会

委員

鮎川　哲之　　　　　株式会社 TOZEN

内田　龍一郎　　　　松井建設株式会社

後藤　隆之　　　　　株式会社パラキャップ社

齊木　健司　　　　　株式会社免制震ディバイス

福田　雅　　　　　　株式会社 TOZEN

村田　圭介　　　　　大成建設株式会社

山本　哲　　　　　　倉敷化工株式会社

協力委員

濱田　憲一　　　　　大成建設株式会社

関谷　裕二　　　　　株式会社日立製作所

寺本　吉広　　　　　株式会社日立製作所

堀口　友隆　　　　　社団法人日本電気協会

松岡　泰成　　　　　社団法人日本ガス協会

「免震建物の設備標準－2020－」作成担当

技術委員会「建築設備標準」改訂編集 WG

主査

　　田中　智　　　　　　株式会社安井建築設計事務所

幹事

　　可児　長英　　　　　一般社団法人日本免震構造協会

委員

　　伊藤　茂久　　　　　戸田建設株式会社

　　齊木　健司　　　　　株式会社免制震ディバイス

　　佐藤　勝　　　　　　株式会社 TOZEN 東日本事業所

　　中塚　實

　　中村　匠　　　　　　戸田建設株式会社

　　堀江　秀和　　　　　株式会社 TOZEN 西日本事業所

　　村田　圭介　　　　　大成建設株式会社

　　安田　明将　　　　　株式会社安井建築設計事務所

　　山本　哲　　　　　　倉敷化工株式会社

協力委員

　　関谷　裕二　　　　　株式会社日立製作所

　　中西　力　　　　　　スターツ CAM 株式会社

　　田広　伸輔　　　　　一般社団法人日本電気協会

　　山際　義浩　　　　　一般社団法人日本ガス協会

免震層撮影協力企業

　　　　　　株式会社タツノ

　　　　　　THK 株式会社

免震建物の設備標準

発行年月　2020 年 6 月　第 3 版第 1 刷

編集・発行

一般社団法人日本免震構造協会

150-0001　東京都渋谷区神宮前 2-3-18　JIA 館 2 階

TEL 03-5775-5432　FAX 03-57775-5434

印刷所

株式会社大應

東京都千代田区内神田 1-7-5

ISBN978-4-909458-16-2　C3052¥3182E